クリティカル・シンキング

「思考」と「行動」を高める基礎講座

リチャード・ポール／リンダ・エルダー［著］

村田美子／巽 由佳子［訳］

CRITICAL THINKING

Tools for Taking Charge of Your Learning and Your Life

Richard Paul + Linda Elder

東洋経済新報社

Authorized translation from the English language edition, entitled CRITICAL THINKING : Tools for Taking Charge of Your Learning and Your Life, 1st Edition by Richard Paul and Linda Elder published by Prentice Hall Inc., a Pearson Education, Inc.

Copyright © 2001 by Richard Paul and Linda Elder.

All rights reserved. No part of this book may be reproduced or transmitted in any form or by any means, electronic or mechanical, including photocopying, recording or by any information storage retrieval system, without permission from Pearson Education, Inc. Japanese language edition published by TOYO KEIZAI INC., Copyright © 2003.
Japanese language edition published by arrangement with the original publisher, Prentice Hall Inc., a Pearson Education, Inc., through The English Agency (Japan)Ltd.

原著者からのメッセージ

日本の読者の方々へ

　私たちは急速な変化と深まる危険の中で日々生活しています。この変化、危険、複雑さは相互に深くからみあっています。自分の思考をクリティカルに評価することができなかったり、迫り来る現実に順応できなかったりすると、たちまち経済的にも、政治的にも、個人のレベルにおいても破綻をきたしてしまいます。複数の視点から共感をもって考えられて初めて日々直面する地球規模の問題が理解できるのです。今ほど大人も子どももクリティカル・シンキングのスキルとその視点が求められている時はありません。

　この本は皆さんにクリティカル・シンキングの基本的な概念を紹介しています。それを皆さんが幸福に生きるための道具にしてほしいと思います。忍耐強く、系統的に学び、日々実践して機会あるごとによく考えてください。

心をこめて

リチャード・ポール
リンダ・エルダー

訳者はじめに

　私がこの本を翻訳したいと思ったきっかけをお話ししましょう。2001年度、勤務する関西外国語大学でクリティカル・シンキングの授業を担当し、発刊間もないポール博士とリンダ博士著の*CRITICAL THINKING Tools for Taking Charge of Your Learning and Your Life*をテキストに使いました。420ページの英文の本は外大生でも読解に四苦八苦でした。その時この本の斬新さ、内容の深さに感銘を受けた私はすぐに翻訳のことを考えました。「日本語に翻訳すればより多くの人にこの本の内容を知ってもらえる。日本の高校生、大学生、教師だけでなく社会人にも知ってほしい」。そんな思いで同年7月サンフランシスコのソノマ・カリフォルニア州立大学で2人が開催している第23回クリティカル・シンキング国際学会に参加しました。世界中から小・中・高等学校の先生、教育委員、大学教授が集まり、専門も心理学、体育、物理学、歴史、教育など多岐にわたる参加者でした。その時ポール博士に日本語版翻訳について話をしたところ、快諾を得ました。

　翻訳にとりかかってから完成までの間に日本では実に多くの若者による凶悪事件が起きました。動物の虐待、子どもの虐待、バス乗っ取り事件、小学校での児童殺傷事件、ホームレス殺しやおやじ狩りなど、この国はいったいどうしたのだろう、と思わずにはいられないようなニュースばかりでした。国外においても同時多発テロやそれに続く報復攻撃、今なお続く中東での自爆テロ、命がとても軽んじられています。耳を覆いたくなるような事件を知るたびに一刻も早く翻訳を完成して、1人でも多くの人に「考える」訓練を実践してほしい、と気持ちがあせりました。人間のおろかさに「歯止め」をかける必要を強く感じました。

　「考える」ことに関してこれまで学校でも家庭でも、社会でも教えてこなかったのではないでしょうか。今後、あなたの学びと人生にこの本が少しで

も役立ってくれたら本当にうれしく思います。「クリティカル・シンキング」はあえて「批判的思考」とは訳しませんでした。日本語の「批判」には「人物・行為・判断・学説・作品などの価値・能力・正当性・妥当性などを評価すること。否定的内容をいう場合が多い。(『広辞苑』)」のですが、英語の「クリティカル」は論理に基づき、他人の立場を尊重し、自分の内省、評価まで含む広域概念である、と考えるからです。少しでも日本の読者が読みやすいように、19章からなる原書から原著者の承諾を得て7章分を選び、タスク「自分で考えてみよう」には日本人にわかりやすい回答例を付け加えました。

　タスクの回答例など関西外国語大学の学生に大いに助けられました。一緒に翻訳をしてくれた巽由佳子さん、University of Marylandでの勉学が忙しい中、世界平和のための小さな一歩という私と同じ思いで、がんばってくれました。心からありがとう。

　最後になりましたが、この本の発刊にあたりご尽力くださった東洋経済新報社の遠藤康友氏に厚く御礼申し上げます。

2003年1月

村田　美子

(注)　本書の印税の一部は、Save the Children（セーブ・ザ・チルドレン）に寄付されております。

翻訳にあたって

　本書はDr. Richard PaulとDr. Linda Elderによる *CRITICAL THINKING—Tools for Taking Charge of Your Learning and Your Life* の日本語版です。

　大学生のテキストとして書かれた原著は、序章を含めると20章からなり、420ページあまりの本ですが、翻訳するにあたって、その中からとくに日本の読者にすぐに役立つ章を選びました。参考までに原著の目次を以下に挙げておきます。

序章
第１章　　公平な視点で考えられるようになること
第２章　　思考の4段階
第３章　　自己認識
第４章　　思考のメカニズム
第５章　　思考の基準
第６章　　優れた思考をもたらすクエスチョン
第７章　　思考をマスターする
第８章　　学びをデザインする
第９章　　学びを評価する
第10章　　決断
第11章　　問題解決
第12章　　非理性的な傾向を克服する
第13章　　自文化中心性をモニターする
第14章　　倫理的理由付け
第15章　　情報をクリティカルに、倫理的に使う　　その１
第16章　　情報をクリティカルに、倫理的に使う　　その２
第17章　　方略的思考　　その１
第18章　　方略的思考　　その２
第19章　　思考の上達者になる

　日本語版では上記の序章、第１章、第４章、第５章、第10章、第11章、第12章、さらに第17章、第18章の一部が翻訳されています。

　また日本語版では、著者の了解を得て日本人にわかりやすくするために事例を書き換えています。また「自分で考えてみよう」というタスクでは、原著にはない回答例を入れました。読者の皆さんが少しでも身近な例からヒントを得て、「考える」ことを習慣にしてくださることを訳者として心から願っています。

本書の読み方、使い方

　本書は年齢を問わず、思考力を伸ばしたいと思う人すべてを対象にしています。社会人の方々にも是非読んでほしいと思っています。日常生活の中で問題に直面したとき、決心を迫られたとき、何度も繰り返しこの本を開き、実践してください。

　タスク「自分で考えてみよう」とその回答例は自学自習の助けになるでしょう。高校生なら総合学習の時間を利用して、本書のテーマやタスクを選んでディスカッションすることや小論文を書いてみることもできるでしょう。訳者（村田）は大学生を対象に「異文化間コミュニケーション」や「クリティカル・シンキング・スキル」のクラスのテキストとして用いています。授業ではなるべく講義を少なくし、学習者中心を心がけています。タスクの部分を家庭学習やレポートの課題にしたり、50人位までのクラスならグループでディスカッションやプレゼンテーションをするなど共同学習も可能だと思います。クラスのたびにリフレクション（内省）の時間を最後に10分間程度とることは学習者のみならず教師にも多くの示唆を与えてくれています。ただし学習者自身の体験や内面を吐露する場合も多々あるのでプライバシーを尊重、保護することには十分注意しています。

　読者の皆さんが「この本を使って最近、深く物事を考えられるようになった」「日々の生活にクリティカル・シンキングを役立てている」と言ってくださることが訳者としてこの上ない喜びです。

CRITICAL THINKING

原著者からのメッセージ　1
訳者はじめに　2
翻訳にあたって　4
本書の読み方、使い方　5

序　章

あなたの思考度チェック！　10
よく考えるためには学習が必要です　13
自分の考えを批評する　16
新しい思考習慣を身につける　18

第1章
公平な視点（立場）で考えられるようになること

クリティカル・シンキングの強弱について　22
公平さに必要なものは何か　26
知的美徳の相互作用を認識する　44
まとめ　47

第2章
思考のメカニズム

生活全般にわたって理由づけをおこなう　50
理由づけには原理があるか　52
自分の理由づけについて考える　53
思考の原理の相互関係　60
情報に基づいて考える：固定観念、無知の活性化、知識の活性化　61
憶測と想定を区別する　70
暗示されていることを理解する　78

Contents
目次

　　自分の視点内で考える・それ以外の視点から考える　81
　　クリティカル・シンキングで物事を見る　82
　　クリティカル・シンキングをする人の視点　84
　　まとめ　85

第3章
思考の基準

　　普遍的な知的基準をさらに深める　88
　　理由づけの要素と知的基準を結びつける　105

第4章
決断する

　　決断のパターンを評価する　128
　　「大」決断　129
　　決断のロジック　130
　　意思決定に大切なこと　134
　　幼年期の決断（2―11歳）　136
　　思春期の決断（12―16歳）　138
　　まとめ　141

第5章
問題解決

　　積極的に問題を解決していく　144
　　自分の問題解決のパターンを評価する　145
　　偽りの問題をなくす　146
　　誤った要求・非理性的目標　146
　　「大」問題　148
　　問題解決の次元　148
　　問題解決の落とし穴に落ちないように　156
　　思考の原理を使って問題を分析する　158

まとめ：問題解決という芸術　　160

第6章
非理性的な傾向を克服する

　　　自己中心的な考え　　164
　　　自己中心的思考を理解する　　167
　　　なぜ心の中に自己中心性が生まれるのかを理解する　　169
　　　「成功」するエゴ　　172
　　　「成功しない」エゴ　　175
　　　理性的思考　　178
　　　2種類の自己中心性　　183
　　　知性の病的傾向　　194
　　　知性の病的傾向に挑戦する　　195
　　　まとめ　　198

第7章
方略的思考

　　　方略的思考を理解し、使う　　200
　　　方略的思考の基礎　　204
　　　KEY IDEA #1：思考、感情、願望は互いに関連し合っている　　204
　　　KEY IDEA #2：すべてにロジックがある　　208
　　　KEY IDEA #3：質の高い思考のために評価を習慣づけよう　　215
　　　KEY IDEA #4：潜在的な自己中心性が邪魔をする　　217
　　　KEY IDEA #5：自己中心性に敏感になれ　　220
　　　KEY IDEA #6：私達は体験を過剰に一般化しやすい　　224
　　　KEY IDEA #7：自己中心性は理性という仮面をかぶっている　　227
　　　KEY IDEA #8：自己中心性にはパターンがある　　230
　　　KEY IDEA #9：支配的な態度、時に服従的な態度で、力を得ようとする　　232
　　　KEY IDEA #10：人間はもともと自文化中心的な動物である　　235
　　　KEY IDEA #11：理性の訓練には忍耐が要る　　237
　　　まとめ　　239

INTRODUCTION

序　章

心は独自の世界なのだ。
その中では天国も地獄に、地獄も天国に成り得る。
ジョン・ミルトン『失楽園』

あなたの思考度チェック！

　健全な思考は日々の生活にとても役立ちます。どのような状況であれ、目的であれ、どこにいてどんな問題に直面しようと、考えることにたけていれば、乗り越えていけます。学生として、消費者として、従業員として、一市民として、恋人として、友人として、親として、人生のありとあらゆる状況において、よい考え方ができれば報われるでしょう。逆に、考えが及ばない場合は必然的に問題を引き起こし、時間と労力を無駄にし、ストレスや苦労が増えるだけです。

　クリティカル・シンキングは、どんな状況においても、可能な限り状況にあった考え方ができることを身につける訓練です。一般的に言えば、考える目的は「状況を見極める」ことです。いろいろ迷う選択肢が多い時に、一番よい選択をするためには十分な情報が必要です。

　「何が起こっているのか」「ほんとうに私のことを考えてくれているのか」「自分を偽ってはいないか」「もし失敗したらどうなるだろうか」「もしこれがしたいのならどうしたらいいだろうか」「どうしたらもっと上手くやれるだろうか」「こんなことより、もっとほかにすることがあるのではないだろうか」———こういった疑問に1つ1つ答えていくのが、日常生活でおこなっている思考です。だからこそ私達は「考える人」なのです。

　必ず真実が見つけられるという保証はどこにもありませんが、少しでも思考を上達させることはできるでしょう。よい考え方は可能性を広げてくれます。ただ、自分の考え方の質を最大限に高めるためには、自分の考えをクリティカルに見ることができるようになる必要があります。そして、そのためには「考えることについて学ぶ」ことが先決です。

　これまでの人生の中で学んできたものを振り返ってみてください。スポーツやお金、友情について、怒りや恐れ、愛や憎しみといったことについて。両親、自然、住んでいる街、マナーやタブーといったこと、人間の業や行動について。学ぶというのは自然な、そして必然的な過程です。人はいろんな方向から学んでいきます。しかし自然には起こらない学びの1つが、内側に

INTRODUCTION
序章

向かう学び、つまり自分自身について、自分の思考の働きが、いかにして、なぜ、そのように考えるか、ということです。

　今まであまり考えたことがないような以下の質問に答えてみてください。自分がどのようにして考えるかについて何かを学んだことがありますか。自分の考えについて勉強したことがありますか。たとえば自分がいかに考えるのか、そのプロセスについてどのような情報を得ましたか。そしてもっと言えば、自分の考えをどのように分析し、評価し、さらに積み上げていくかということについて、何か知っているでしょうか。自分の考えはどこからやってくるのでしょうか。それはどの程度、質の高い、あるいは低いものなのでしょう。自分の考えはどの程度あいまいで、整っておらず、一貫性に欠け、誤った、非論理的な、表面的なものなのでしょう。そして、本当の意味で自分の考えを自分でコントロールできているでしょうか。よく考えられる時とそうでない時の基準を自覚していますか。自分の考えが間違っていると気づいた時、自分の意思で意識的に変えたことがありますか。もし誰かにこれまでの人生で自分の考えについて学んだことを教えてほしいと言われたら、答えられますか。

　以上の質問に対する一般的で正直な答えは、「考えるということについて考えたことはありませんでした。考えるというのは当たり前のように思ってきましたから。それがどんなふうに起こっているのかわかりません。勉強したこともありません。どんなふうに試すのかもわかりません。考えは自然に起こってくるものだと思います。」といったところでしょう。

　考えることについての研究、考えることについて考えるということは、人間の生活の中でめったにあることではありません。学校の教科にもありません。家庭で教えられることでもありません。でも生活の中で考えることが果たす役割というのを少し考えてみれば、自分のすること、欲しいもの、感じることすべてが自分の考えに影響されているということがわかるでしょう。そしてそれがわかれば、考えるということに関して人々がいかに興味を持っていないかということに驚かされるでしょう。そして植物学者が植物を観察するように、自分の考えに注意を向けるようになったら、そこがスタートで

す。ほかの人が気づかないことに気づけるようになるでしょう。どうしてほかの人がそういう行動をとるのかということがわかり、評価し、発展させていくことができるようになります。

　最終的にわかるのは以下のようなことです。私たちはよくない思考習慣を身につけていて、たとえば、証拠もないのにひとくくりにしたり、固定観念を持ったり、間違った確信を抱いたり、物事を1つの視点からしか見なかったり、自分の見方と相反するものを無視したり攻撃したりする。また事実と混同して幻想やつくり話をでっち上げたり、自分が経験するさまざまな状況について誤った解釈をする。こういった問題を自分の考えの中に見出すことができたら、さらに以下の質問を自分に問いかけてみてください。このようなよくない思考習慣をなくすことを学ぶことはできるか。よい思考の習慣を身につけていくことはできるか。よりよく考えることはできるか。

　ほとんどの人はこういった問題や疑問に目を向けることもなければ問いかけもしません。しかしよい考え、よくない考えについて洞察力を磨けば、私たちは人生の質を高めることができます。よりよい決定を下せるようになり、今はまだ身につけていない大切な力を持つことができます。新しい見方ができるようになり、失敗を最小限にとどめ、理解を深めていくことができるようになります。

自分で考えてみよう　　　　　　　　　　　　　　　　　　　0.1

自分自身の思考について考える

　この本を読み始める前に自分の思考についてこれまで考えたことがあるかどうかを考えてみましょう。もし何も考えつかなければ、その理由を説明してみてください。もし思いつくことがあれば、自分の考えについて習ったことを説明してみてください。

INTRODUCTION
序章

よく考えるためには学習が必要です

　考えの質を高めるためには、どうしても学習しなければならないことがあります。つまり知的労働に携わらなければなりません。一晩でバスケットボールやダンスが上達しないのと同じように、短期間でよく考えられるようになるということはありません。考えるということを学ぶためには、自ら進んで上達するのに必要な努力をする必要があります。

　具体的には、自分の意思で、今までとは違った難しい「行動」を実践することから始めます。スポーツ選手が練習とフィードバックを繰り返して完成させていくものを、「思考」を使って学んでいくわけです。考えることが上達するというのは、理論や学習、実践の成果が上達となって現れるような分野のものと似ています。この本では「よく考える人」になるために何をすればよいのかを紹介していますが、やる気を出すのは読者であるみなさんです。自分で自分の思考について、積極的に検証していく姿勢が必要です。

　この知的活動を、スポーツの上達方法と比べて話を進めていきましょう。知的活動もスポーツの上達と同じように伸びていくというたとえは、非常にわかりやすいと思います。テニスがうまくなりたかったら、上手なプレイを見て自分と比べてみるのが得策でしょう。そしてそこから自分が上達するた

図表 0.1　クリティカル・シンキングができるようになるためには、思考がどのように働いているのか説明できる理論が必要になります。理論を理解した上で、実際の日常生活に当てはめることができるようになります。

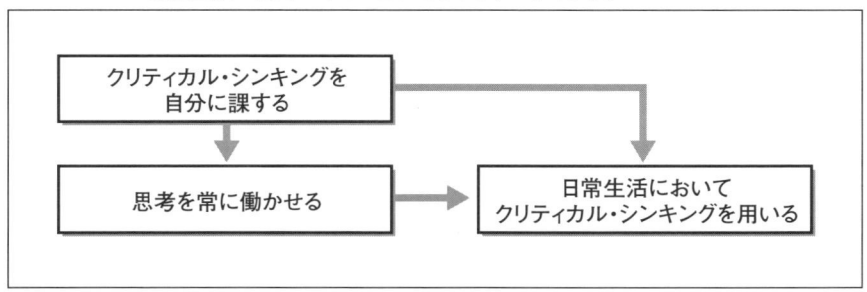

図表 0.2 すべての行動において、クリティカル・シンキングを用います。

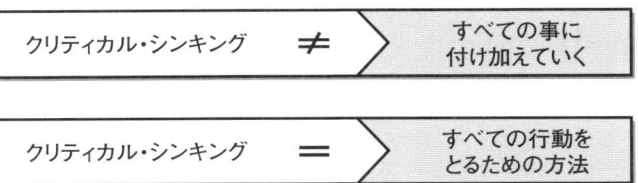

買い物をする時、何かを教える時、学ぶ時、投票する時、付き合う時、評価する時などすべてにおいてクリティカル・シンキングを用います。

めにどうすればよいかを見つけ出し、あとは練習あるのみです。練習とフィードバックの繰り返しです。練習を繰り返すうちに、自分のプレイの細かいところに気づくようになります。プレイに関する用語も増え、良いコーチが見つかるかもしれません。そういう試行錯誤の中で少しずつ上達していきます。バレエやマラソン、ピアノ、チェス、読む、書く、子育て、学習方法、あらゆることに当てはまる上達方法です。

　ただこういった技術を要する活動は目に見えるものです。実際にやっているところを映像で見ることができます。それにひきかえ、誰かが椅子に座って考えているという場面を想像してみてください。きっと何もしていないように見えるでしょう。でもその人は肉体を使ってはいないけれども、考えるという作業を行っているのです。考えるという作業を目にすることはできないけれど、その作業は私たちにとって非常に大切なことです。考えるということは、私たちが今後豊かになれるのかどうか、力を持つことができるのかどうか、といったことを決めていきます。にもかかわらず、それを一体どのように行っているのかということは考えたことがないままです。考えるということを当然のように思っているからです。

　たとえば、愛情、友情、誠実、自由、民主主義、倫理などといった概念は日常生活の中で無意識のうちにゆがめられ、ねじまげられています。欲しい

INTRODUCTION
序章

ものを手に入れるというようなことばかり考えていて、自分自身や世界観を正確にきちんと表現したいと考えることはあまりありません。概念というのも会話や行動の中で明らかになることはあっても目に見えないものです。その点では考えるということと同じです。もし考えていることが大きなスクリーンにでも映し出されたとしたら驚きでしょう。

　よりよく考えられるようになるためには、概念などすでに身についた思考構造を含め、自分の考えについて考えるというところから始めなければなりません。そういった思考構造は、考えるという手段を真剣に受けとめた時に初めて発達するものです。自分の考えが何かということに気づき、自分の考えの長所と短所を見つけ出した時にこそ、自分の考えを上達させることができます。自分の考えを映し出す「スクリーン」を描くことで自分の考えを上達させるのです。

　クリティカル・シンキングは人生のあらゆることに対して必要な思考の手段として役立つでしょう。知的能力が発達すれば、自らの意思で使いこなせる手段を得たことになり、目標や目的を達するために必要な考えを打ち立てることができます。よい考えはよりよいところへつながる道を最大限に引き出し、そうでない考えは事態を悪化させる道につながるでしょう。

0.2　　　　　　　　　　　　　　　　　　　　　　自分で考えてみよう

概念の大切さについて理解する

　大切な概念を間違って使ってしまったことはありませんか。
ヒント：普段使っている友情・信頼・正直・尊敬といった考えについて、たとえば誰かの友人だと言っておきながら、それに相反する行為（陰でその人の噂話をするなど）をしたことがありますか。答えを書き出し、口頭で説明してください。

　人間にまつわる基本的な問題に当てはめることで初めて、考えることの効

力や有効性がわかるようになります。たとえばテニスのコーチが何度も何度も「ボールから目を離さないで」と注意したとしましょう。「どうして？　ボールはもう見ました」と反論することは考えられないでしょう。ここでも同じことが言えます。上達するためには何度も何度も基本に立ち返る必要があるのです。

自分の考えを批評する

自分の考えに対し、きちんと批評するという方法から始めてください。自分を否定したり、投げやりになったりするということではなく、自分自身を向上させ、考えを上達させ、生涯、学び続けるためにです。そうすることで、

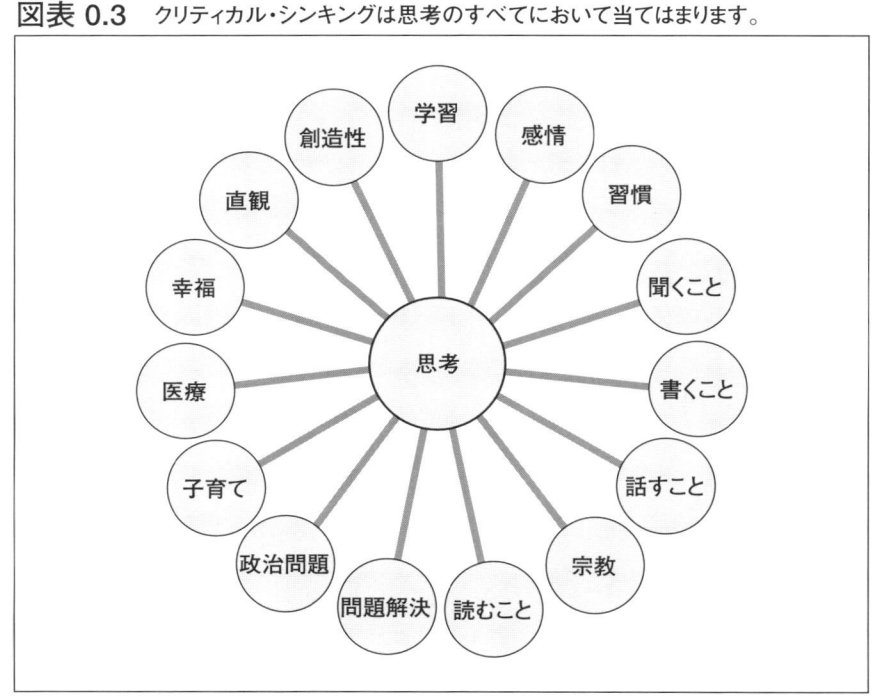

図表 0.3　クリティカル・シンキングは思考のすべてにおいて当てはまります。

INTRODUCTION
序章

図表 0.4　クリティカル・シンキングは通常の思考をもとに、第2段階的な思考をすることです。この第2段階において、通常の思考を分析し、評価します。

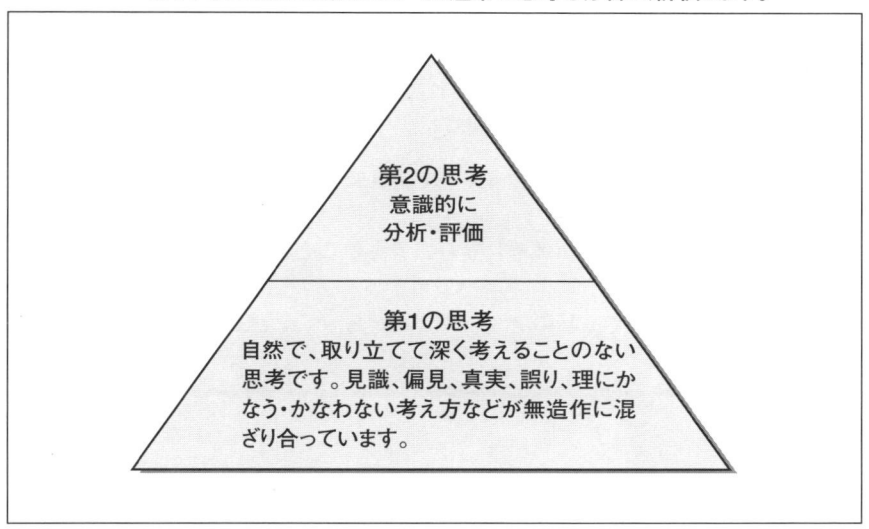

自分の考え方、思考構造について新たに発見し、そこに含まれる意味を見つめ、基本的な考え方や立場といったものを認識することができるでしょう。日々の実践を通して、自分の考えに基本的な変化が起こったことがわかるようになってくるでしょう。自分の考え方の悪いところ、そしてよいところについて知る必要があります。スタート地点がどこであれ、自分はよりよく考えられるようになれるのだと認識する必要があります。

0.3　自分で考えてみよう

自分自身の考えについて考える

人間関係において、スポーツについて、同性の人との付き合いについて、異性との関係において、読者として、書き手として、講義を聴講するものとして、従業員として、人生設計をするに当たって、自分の感情と付き合うと

いう点で、複雑な状況を理解する時、自分の考えについて、答えてください。以下の空欄を埋めてください。

1. 現在、私の人生のすべての領域にわたって私の考えは（　　　　　　）と考えます。その理由は、

2. 以下の分野において、私はしっかりと考えることができます。

3. 以下の分野において、私はそれなりに考えることができます。

4. 以下の分野において、私の考えはたぶん足りないと思います。

新しい思考習慣を身につける

　私たちのほとんどが試行錯誤して自分の考えを形づくり、学校の勉強をどうにか乗り越えてきました。自分の考えを批評するということはほとんど学ばずにきました。考えるための手段といったことも発達させずにきました。その結果、無意識のうちに身につけたやり方で、もともと持っている思考能力だけを使ってきました。よい習慣も悪い習慣も身についているでしょう。そういった習慣は混じり合っていて見分けられなくなっています。考えることにおける理想という考えを知らないままです。「考える人」になるための目標もわからないままです。やってくる課題をただ機械的に終わらせているだけです。よりよく考えられるようになるための大切な考え方を学べなくなっています。

　より深く学ぶためには、効率のよい道具が必要です。何を目指して努力するのかというはっきりした展望を持ち、自分の考えや学習を発展させるための強力な武器が必要です。

　それがクリティカル・シンキングです。実践そのものです。時間とエネ

ギーを節約しながら物事を首尾よく運びます。そうすれば充実感が味わえます。学生として、教師として、親として、消費者として、一市民として、その他どんな役割においても自分の考えを批評することは自分のためです。自分の人生の質を常に高めていないとしたら、クリティカル・シンキングの力をまだ知らないことになります。この本がよいきっかけになることを祈っています。クリティカル・シンキングは万人に役立ちます。

0.4　自分で考えてみよう

これまでの習慣を変える

　これまでに自分の生活習慣を意識的に変えたことがありますか。習慣を変えるためには何をしなければならないでしょうか。簡単に変えることができますか。もしそうではないとしたらなぜでしょう。これまでに身につけた考え方を変えるためには何をすべきだと思いますか。答えを書き出し、口頭で説明してください。

図表0.5　なぜクリティカル・シンキングなのか?

問題点

　　誰もが考えるという行為をおこなっています。それは人間にとって本質的なことです。ただし、そのほとんどは偏見に満ち、ゆがめられ、断片的で、よくわからないままのものです。そして、私たちの人生の質やそこから生み出されるものは、まさに思考の質によって決まってきます。浅はかな思考では、お金の面から言っても人生の質の面から言っても失うものが多くなります。きちんとした思考を実践するためには、系統だった訓練を積み上げていく必要があります。

定　義

　　クリティカル・シンキングとは思考の方法のことです。それは、どんな主題や内容、問題にでも当てはめることができます。クリティカル・シンキングでは、知的基準に基づいて系統だてて物事を考えていき、思考の質を高めることができます。

結　果

　　系統だった訓練を積み上げてクリティカル・シンキングをしていくと……

- 決定的に重要な質問や疑問をつきとめられるようになり、はっきりと明確にそれらを述べられるようになります。
- 関連している情報を集め評価し、効果的に解釈できるようになります。
- 相反する判断基準と照らし合わせた上で、筋道の通った結論や解決方法を導き出すことができるようになります。
- 他の考え方についても考えます。その考えのもとになっている仮定やその意味、実際に起こりうるなりゆきなどを予測し評価した上で、広い視野で公平に考えることができるようになります。
- 複雑な問題を解決していく時に、他者とうまく意思を伝え合うことができます。

　　クリティカル・シンキングとは一口で言ってしまえば、自分で方向づけを行い、自己鍛錬を重ね、自分で自分の思考をチェックし、修正を行っていくという行為です。この行為を実践するためには、知的基準をきちんと認識し、自ら意識的に進んで取り入れていくという姿勢が前提となります。他者と効果的に意思を伝え合い、問題解決能力を高めていくことができます。

CHAPTER 1

第1章
公平な視点(立場)で考えられるようになること

　クリティカル・シンキングは基本的な知的スキルですが、それは両極端な目的、すなわち自己中心的にも、公平にも使うことができます。皆さんはクリティカル・シンキングという知的スキルを学んでいるので、早速、そのスキルを自己中心的な方向にでも、公平な方向にでも生かすことができるのです。たとえば、ほとんどの学生は誤った考えを見つける方法を学ぶ時、自分たちの方ではなく、自分たちが否定している方にそういった間違いが起こる、というふうに理解しています。自分たちと相反する考え方がよくないものであるとするテクニックをすでに身につけているからです。

クリティカル・シンキングの強弱について

　進歩的な考え方を持った人は保守派の人たちに対し、また保守派の人たちは進歩的な考えの人たちに対し、間違いを指摘します。何かを信仰している人たちはそうでない人たちの考えが間違っていると述べ、その反対も同様です。堕胎に反対している人たちは推進派の考えが間違っていると説きます。推進派は、反対派の間違いを攻めたてます。

　こういう種類の人たちは、クリティカル・シンキングの自覚が弱い人たちです。なぜ「弱い」かというと、ある程度の考えはできているものの、クリティカル・シンキングをする上で、大切なより高度なスキルが欠けているからです。何よりもまず、自分たちと相反する考え方の視点を持つということができていません。「公平さ」に欠けています。

　クリティカル・シンキングの弱い自覚しか持ち合わせていない人は、詭弁家です。考え方そのものに問題点があろうとなかろうと、とにかく口論で相手を打ち負かすというのが詭弁です。修辞学や詭弁は、お粗末な考えを立派に見せ、きちんとした考えを受け入れません。勝つことだけしか考えていない口先だけの弁護士や政治家がよい例です。感情論で攻めたて、見事に陥れます。

　詭弁家は、「クリティカル・シンキングの強い自覚」を持った人たちとやり合う機会がなければ、うまく立ちまわることができるでしょう。強い自覚を持っていれば、口先だけの口論でやり込められることはありません。ウィリアム・グラハム・サムナー（1906）が、1世紀ほど前に以下のように述べています。

　「盲信することなく……信じるまでに時間をかける……すべての段階において待つ。時間をかけて根拠を見つけ、それを熟考する……自分の持つ偏見に負けない……」

　そしてクリティカル・シンキングの強い自覚には、何より公平さが大切です。倫理的に責任がとれるような考え方をすることです。それは他の視点を重要視できるということです。自分にはない考え方を聞くという姿勢を持つ

CHAPTER 1
公平な視点（立場）で考えられるようになること

ことです。より理にかなった考えに出合った時、自分の視点を変えられることです。ほかの人を操ったり真実を隠したりするためではなく、倫理的で理にかなった方法を実行するために考えることです。

　世の中にはすでに、自己中心的に物事を運ぶ人やペテン師があふれています。情報や根拠を自分の利益のためにねじまげてしまうような節操のない弁護士や政治家もごまんといます。この本の読者は、善良な人たちを踏みにじっているこういった人間を糾弾できるように、公平な考え方のできる人になってほしいと思っています。そして人間として非倫理的な考えに対し、公の場で討論できるような勇気を持ってもらいたいと思います。この本はクリティカル・シンキングの強い自覚、すなわち、公平さが大切であるということを前提に、書かれています。

　「強い自覚」で考えるというのは、基本的な知的スキルと同時に公平さを学ぶことであり、自分たちの考え方において公平さを「実行」することになります。そうすれば他人の弱みに付け込むためにスキルを使うということが避けられます。すべての考えを同じ基準で取り扱います。自分の考えを支持する人たちと同じように反対する人たちからも理由を述べてもらいます。自分が反発を感じる理由づけ（reasoning）に対しても、賛同する理由づけと同じ基準で話し合います。他の人のものと同様に、自分の考える目的、根拠、結果、影響、視点などを検討します。

　公平な考え方をするようになると、自分たちの評価した推論に対する長所と欠点についてさらに考えを進めるようになります。それができるようになるために、まず公平な考えをするために必要な要素をとりあげます。この本ではどのようにしてクリティカル・シンキングの「強い自覚」を身につけるかを説明しています。今後、クリティカル・シンキングという言葉は、特に記述がない限り、「強い自覚」のクリティカル・シンキングであると考えてください。

　この章では、公平な考えに必要な知的「美徳」（virtue）について考えます。公平さに関しては、想像以上にたくさん知るべきことがあります。それぞれに関連のある思考の状態を集合したものが公平さにつながります。

図表 1.1 クリティカル・シンキングをするためには、思考の持つ本質的な要素を取り入れていくことが必要です。これらの要素は知性の持つ機能を発揮させ、訓練し、上達させることができます。また、知的習慣とも深く結びついています。

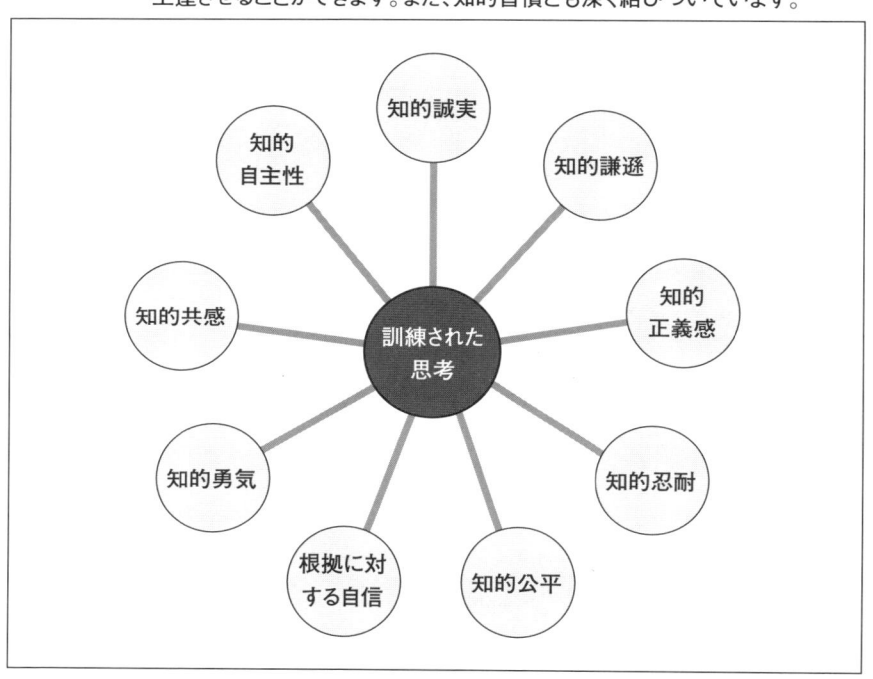

結果的に言うと、クリティカル・シンキングには公平さに加え、高度な秩序だった考えが必要になります。これから述べる思考の特徴を身につけていけば、「弱い自覚」の持ち主に欠けている技術を伸ばすことができるでしょう。

さまざまな思考の特徴が公平さにどのようにつながっていくのかを追いながら、それらの特徴が考えの質に与える影響について見ていきましょう。クリティカル・シンキングの強い自覚に伴う公平さに加え、考えの深さ、そして高度な質ということも当然その中に含まれます。「弱い自覚」の持ち主は、口論するというような知的スキルをある程度持ち合わせ、目指すものを手に

CHAPTER *1*
公平な視点(立場)で考えられるようになること

図表 1.2 以下は知的美徳に相反する要素です。私たちは自然にこういう要素を身につけてしまっているので、これらに相反する知的美徳を習得する必要があります。

入れますが、この章で挙げるような思考は発達させていません。

　たとえば、勉強している内容について真剣に考えなくても、よい成績をとるために知的スキルを使える学生もいます。そういった学生はテストの受け方やノートのとり方の技術を身につけるでしょう。教師の先入観に訴えかけます。表面的に学術的詭弁家となり、そういう技術を人生のほかの面でも活用するかもしれません。しかし、ここで検討するのはそういった技術を上達させることではありません。

　強い自覚を伴ったクリティカル・シンキングの特徴について考えていきましょう。公平さとの関連でそれぞれの特徴を取り上げたあとで、それが高度な考えにどのようにつながるかに焦点を当てていきます。

25

公平さに必要なものは何か

　最初の基本的概念として、公平であるということはその状況に妥当なすべての視点を偏見や先入観なしに取扱う努力をするということです。これは、私たちは自然に物事を好ましい（同意できるもの）か、好ましくない（同意できないもの）かに分けて、反対の意見は自分の意見より軽視しがちです。自分に都合のいい理由がある時は特にそうです。たとえば、世界で貧困状態にある何百万人もの人たちの視点を無視できれば、そういう人たちを救うために自分たちが何かをあきらめるということはしないですみます。それゆえ、自分たちが考えたくない視点を考えざるを得ないという状況において、特に公平さが大切になります。

　公平さは、自分自身、あるいは自分の友人、地域社会、国家に対する個人的な感情や利益といったことをぬきにしてすべての視点を同じように扱う必要があるという意識を伴うものです。自分自身や自分の所属するグループの利益を考えずに、ただ理論的な基準（正確さや筋の通った論理）に基づくものです。

　公平さに相反するのは、理論的不公平です。これは自分とは違った視点や考え方を違った判断基準で扱い、それに対して責任を感じないという態度です。

　本当に公平に考えるというのは、とても難しいことです。論理的に考えて謙虚な態度をとり、勇気を持ち、共感し、正直になり、信念と自信を持ち、自らの意思で行動しなければならないからです。

　これから考えていく思考の特性がすべてそろって初めて、公平に考えることができるようになるのです。しかしこういったことは日常生活で話し合うこともなければ、教えられることもありません。テレビにも出てきませんし、学校の授業にもありません。テストがあるわけでもありません。友人に質問を受けることもないでしょう。

CHAPTER 1
公平な視点（立場）で考えられるようになること

　実際、ほとんど知られていないことだからこそ、正当に評価されないのです。しかし、1つ1つの特性がすべて公平な考え、そしてクリティカル・シンキングを上達させるために必要なのです。なぜなのかを以下で検討していきましょう。

知的謙遜：知らないということを認識する

　公平さの特性である知的謙遜から入っていきましょう。

　知的謙遜とは、利己的な考えは自分をだますことになる、という自覚を含め、自分の知っていることは有限であるという認識を持つことだと定義できます。これは先入観や偏見、自分のものの見方の限界、自分が何を知らないかということに気づくことです。知的謙遜は、実際には知らないのに知っていると言わないでいられるかどうかにかかっています。だからと言って卑屈になったり、言いなりになったりすることではありません。もったいぶったりひけらかしたり、うぬぼれたりすることでもありません。

　知的謙遜の反対語は知的傲慢です。自分の知っていることが有限であるという意識がなく、自分をだましていることや自分のものの見方の限界について見抜くことができません。偏見や先入観にとらわれ自分が知らないことまで知っているように言い張ります。

　知的傲慢ということは、見るからに横柄で無礼な人ということではありません。見た目には謙虚に映る人もいるでしょう。たとえばカルトのリーダーを盲目的に信じているような人は控えめ（私など何ものでもない。あなたがすべてです）に見えるでしょう。しかし知的にはきちんとした根拠もなく適当な通念を盲目的に信じているだけです。

　残念ながら、人間は誰でも本当は知らないことを知っていると信じ込むようにできています。間違った信念や概念、先入観や幻想、つくり話、プロパガンダ、無知であること、これらはすべてまさに動かしようのない真実のよ

うに見えてしまいます。そして私たちは自分の考えに欠陥があるということを認めたがりません。これでは、いくら謙遜していても実際には知的に傲慢であるということになります。自分の知っていることの限界を認めるよりは、そういう限界を無視するなりごまかすなりします。そういう傲慢さが苦しみや無駄を生みだす結果となるのです。

　たとえばコロンブスがアメリカ大陸を「発見」した時、彼はインディアンを奴隷にすることは神の意志に添うことだと信じました。私たちが知っている限り、彼が「神の意志」を知っていると信じられたのは知的傲慢からくるものであることを認識できなかったわけです。

　知的傲慢は公平さとは相反するものです。判断の対象となるものを知らない状態で公平に判断を下すことはできないからです。ある宗教（たとえば仏教）について知らなかった場合、それを判断することはできません。そして間違った概念や先入観や幻想を抱いていた場合、誤った判断を下すことになります。仏教について誤った説明をし、まるで別のものにつくり変えてしまうようなことになります。間違った知識・概念・先入観・幻想、こういったものはすべて公平さの前に立ちはだかる可能性があります。あるいは知的に傲慢であった場合、すぐに結論を出してしまって、それに満足してしまいます。こういった傾向は明らかに公平さと相反するものです。

　高度な考え方にどうして知的謙遜が必要なのでしょうか。知らないことがあるということがわかるようになれば、公平に考えられるようになるだけでなく、考えることをさらに上達させられます。先入観や勘違いしている信条、誤った学習につながりやすい習慣的な思考などを認識することにもなります。たとえば、いつも表面的なことだけしか受け入れない傾向があるとしましょう。人間はほとんど表面的にしか学んでいません。少ししか知らないのに、多くのことを知っていると思い込んでいます。限られた情報だけで、すぐに結論づけてしまいがちです。聞いたり読んだりしたことを、そのまま鵜呑みにします。自分や自分の所属している集団と同じ考え方であればなおさらそうなります。

　各章の話し合いの中で、知的謙遜を学び、知的傲慢についての意識を高め

CHAPTER 1
公平な視点（立場）で考えられるようになること

ることができると思います。この瞬間から自分が知っていることの限界や、見え隠れしがちな知的傲慢について考え続けてみてください。自分の考えにおける弱さを見つけてください。欠点を認識できるということは弱さではなく、強さであると考えてください。手始めに、以下の質問に答えてください。

＊祖国・宗教・友人・家族について自分の持っている先入観を挙げてください。それは両親、友人、知り合い、メディアなどから影響を受けています。
＊自分の判断基準となる証拠がほとんどないのに、何かに賛成したり反対したりしたことがありますか。
＊反対の視点からも状況を分析せず、あなたの所属する集団（家族、宗教、国家、友人）が正しいと想定（assume）したことがありますか。

1.1, 1.2　　　　　　　　　　　　　　　　　自分で考えてみよう

知的謙遜

　自分がよく知っていると思う人を挙げてください。その人について2つリストをつくります。1つにはその人について確かに知っていると思うことすべてを、もう1つにはその人について知らないとわかっていることすべてを挙げてください。たとえば、「祖母について料理が大好きということは知っているけれども、どんなことを恐れたり願ったりしているのかということについては知らない。表面的なことについてはたくさん知っているけれど、内面のことはほとんど知らない」と、いうようにです。自分の述べた内容について説明できるように考えておいてください。

表面的なことしか知らないということを認識する

　知的謙遜は、深く知っているか、あるいは表面的な知識かという区別ができるようになることも含みます。区別ができるかどうか試してみましょう。成績のよかったクラスについて考えてみてください。何も見ずに、以下の質問に対する答えを書き出してください。そのクラスの名前は何でしたか（教

科名、たとえば歴史、生物など)。この教科の主な目的は何でしたか。この分野の人々はどういったことを成し遂げたいと思っているのでしょうか。どういった質問をしていましたか。どういう問題を解決していましたか。どういう情報やデータを集めていましたか。この分野に独特な方法で情報を集めていましたか。この分野の基本的な考え方や概念、理論はどういったものでしたか。この分野を勉強してどのように視点が変わりましたか。

　以上の質問にきちんと答えられないようであれば、テストのために丸暗記したか、通り一遍の勉強だけで、いい成績がとれたのかもしれない、と疑ってみてください。表面的に学んだことと深く学んだことの違いが見分けられるようになってきているでしょうか。

知的勇気：あえて意見を見直す

　次に知的勇気について考えます。

　知的勇気とは、自分が否定的な感情を持っていてあまり耳を傾けないような意見や立場を正視し、理解する必要性があることを意識することであると定義できます。知的勇気とは、社会的に危険、あるいはおかしい、と思われている考えが、実は正当化できるものであるという認識を持つことにつながります。世間に植えつけられた社会的通念や信条は時として誤っている場合があります。道理にかなったことであるかどうか判断するためには、学んだことをただ鵜呑みにするだけではいけません。そういう時にこそ知的勇気が役立ちます。危険だとか、おかしい、と見なされていることの中に真実があり、私たちが属している社会における通念がゆがめられていたり間違っていたりすることがあるからです。このような場合、公平に考えられるようになるためには知的勇気が必要です。規範から逸脱した場合に受ける処罰は厳しいものだからです。

CHAPTER 1
公平な視点（立場）で考えられるようになること

　知的勇気の反対語は知的臆病です。自分とは合わない考えを恐れる姿勢です。知的勇気が欠けていた場合、危険だと見なしている信条や立場を真剣に考えようとしません。もし自分の意見と対立した場合、攻撃されることを恐れるからです。考えに対する攻撃を、自分の人格に対する攻撃だと感じてしまうからです。

　以下のような信念を「聖なるもの」として考える人たちがいます。保守的であること、進歩的であること、神を信じていること、無神論者であること、資本主義が正しいと信じていること、社会主義が正しいと信じていること、中絶賛成派であること、反対派であること、死刑賛成派であること、反対派であること、などです。どんな立場をとっていても、「私は××（上記のものを当てはめてください）だ」と言い張ります。

　自分が何ものであるかということを感情的に定義してしまったら、自分の選んだ考えや信条が疑問視されることを密かに恐れるようになります。その考えを持っている自分について疑われているように思ってしまうからです。このように恐れてしまっては、反対派の立場を公平に考えることなどできなくなります。反対派の見解を考慮しているようで、実は受け入れないように、無意識のうちに反感を抱き、弱体化させようとしています。これが知的臆病さです。だからこそ私たちは自分の中に潜む恐れ—自分のアイデンティティを何らかの信条と結びつけることで生み出される恐怖—を乗り越えるために、知的勇気が必要です。

　もう1つ知的勇気が必要な理由として、ほかの人に受け入れられないという恐れを克服するということがあります。みんなそれぞれの考えを持っていて、それに挑んでいく場合、拒絶されることがあるからです。ここがまさに私たちを脅す力を持つ集団の性質であり、そういった力は否定的に働きます。多くの人が他の人の目を気にしながら生きていて、ほかの人に受け入れられなければ自分を受け入れられない人たちがたくさんいます。

　拒絶されることに対する恐怖心というのは、内心に潜んでいるものです。自分の属しているグループのイデオロギーや信条を見直してみるという人はほとんどいません。これは知的臆病さの第2番目のパターンです。どちらも、

自分自身やグループのアイデンティティに反するような考えに対し公平さを欠くことになります。

　自分自身のアイデンティティを築く時に別の方法をとっていることに気づくかもしれません。これは中身の問題ではなく、そこに行きつくまでの過程に関する問題なのです。クリティカル・シンキングをするために必要なアイデンティティに関する問題なのです。以下の声明について考えてください。

　　私はどんな信条についても賛同しません。自分が何かを信じるに至った過程だけを信じます。私はクリティカル・シンキングを行う者であり、そのためには何らかの証拠や論理に裏づけされていない信条を捨て去ることができます。そして証拠や論理が導くものに従います。私の真のアイデンティティは、クリティカル・シンキングを行うことであり、生涯、学習を続け、自分の信条に対し、より論理的になることで、自分の考えを上達させていくことです。

　このようなアイデンティティを伴ってこそ、知的勇気が意味を持つのであり、公平さが不可欠になるのです。自分の今持っている信条に反する考えを恐れる必要はありません。間違っているとわかることを恐れる必要はありません。これまでの過ちを認めればいいわけです。今も間違えているかもしれないことを正していけばいいわけです。すなわち、次のような姿勢が重要になってきます。「あなたの信じていること、なぜそれを信じているのかを教えてください。あなたから学べることがあるかもしれません。これまでの信条や、一貫性のない考えは葬り去る用意ができています」。

自分で考えてみよう　　　　　　　　　　　　　　1.3, 1.4

知的勇気　その1

　自分の属していると思うグループを選んでください。以下の項目について書き込んでください。

CHAPTER 1
公平な視点（立場）で考えられるようになること

1. このグループのメンバーに共通する主な信条の1つで、問いただしてみる必要があるものは……（非論理的な行動につながっていると思われる可能性のある信条を少なくとも1つ挙げてください）

2. この信条が問いただしてみる必要があると思われる理由は……

3. この信条の問題点を指摘し、グループに立ち向かうことができます／できません。その理由は……

回答例
　僕は23歳のアメリカ人男性です。2001年9月11日の同時多発テロで兄を失いました。悲しみと怒りと憎しみの日々の中でアメリカ政府は報復攻撃という手段に踏み切りました。この報復措置をアメリカ国民の大多数が支持しているとメディアは報じていましたが、新たに罪もない人を無差別に殺す政府のやりかたは決して兄の死に応えるやり方ではない、と僕は強く感じました。今、僕は非暴力でこの問題を解決する糸口を模索して、多くのアメリカ市民と語り合う場を企画し、全米を回っています。糸口はいまだ見つかりません。

知的勇気　その2

　自分のグループには受け入れてもらえないような視点をあなたやあなたの知っている人が支持したとします。それがどのような状況になるかを書き出してください（特にグループの反応について）。もし例が思い浮かばないなら、それに気づいたことはどのような意味を持つと思いますか。

知的共感：相対する視点を受け入れる

　次に知的共感について考えてみましょう。これも公平さに必要なものです。

知的共感とは、ほかの人を理解するために自分をその立場に置いてみる必要性に気づくことです。知的共感を持つということは、ほかの人の視点や理由づけを組み立て、自分自身の持つ前提や仮定から判断できるようになることです。知的共感は、自分が正しいと思い込んでいて実は間違っていた、という以前の状況を思い出し、同じように間違っている状況を想定できる能力と関係しています。

　知的共感の反対語は、知的利己心です。これは自分を中心に考えることです。自分中心の視点から考えるとほかの人の考えや意見、感情がわからなくなります。自明のことですが、私たちが注意を向けるのは自分自身です。痛みや欲望、望みなどはその最たるものです。ほかの人が必要としていることなど、自分自身の欲していることに比べたら大したことではなくなります。自分とは違う視点から問題や疑問を見ることができなくなってしまい、だからこそ自分の視点を変えるようにしなければならないのです。

　ほかの人の立場に立つことを学ばずにどうして公平な考え方ができるようになるでしょうか。公平な判断を下すためには、正しい知識を受け入れたいと努力することが必要です。人間の考え方というのは生活の中から生まれてくるもので、生活というのは千差万別です。ほかの人の視点を学ばず、その人たちの考え方を学ばないとしたら、その人たちの意見や信条を公平に判断することなどできないでしょう。ほかの人の視点に立って考えるというのはたやすいことではありません。むしろ一番難しいことかもしれません。

自分で考えてみよう　　　　　　　　　　1.5

知的共感

　これまでに友人、親、パートナー、上司などと口論したことを思い出してください。双方の立場から、その口論を組み立ててください。以下の項目を完成させてください。相手側の立場をゆがめないように気をつけてください。自分が間違っていたとわかることになっても、相手の立場をきちんと書き上

CHAPTER *1*
公平な視点（立場）で考えられるようになること

げてください（クリティカル・シンキングは、真実を見つめることです）。書き上げたあと、口論した相手に相手の立場をきちんと表現できているか見てもらってください。

1. 私の立場は、以下のようです。

2. 相手の立場は、以下のようです。

回答例
1. 用事があったので彼に電話したら、その周りに人がたくさんいて、私とも話して、ほかの人とも話していた。すごく嫌な気がして「もういい」と言って、がちゃんと電話を切った。彼は私の話を聞いてくれないと思った。電話は2人での会話だから私とだけ話してほしかった。
2. 友達大勢と盛り上がっていた時、彼女から電話があった。彼女を知っている共通の友達も多くいたし、その時は彼女とだけ話す雰囲気ではなかった。決して彼女を無視したわけではなく、友達の手前少し自分にもテレがあったと思う。

知的誠実：ほかの考えに対しても自分と同じ判断基準を用いる

次に知的誠実について考えます。

　知的誠実とは、自分の考えに対し正直であること、そしてほかの考えに対しても同じ判断基準を持つことの必要性を認識することであると定義できます。反対意見を持っている人に対しても、その人たちの考えを擁護するために、論証として同じ判断基準を用いることです。また、自分の考えや行動に食い違いや矛盾があれば正直に認め、自分の考え方が一貫していないことがわかるようになることです。

知的誠実の反対語は知的偽善で、これは誠実さを無視した心の状態です。かたくなに何かを否定したり、根深い矛盾といったところに根づいています。私たちはイメージにとらわれやすいので、誠実そうに見えるというのはとても大事なことです。ですから、偽善というのは考えや行動に潜在しており、自然に持っている自己中心的な考え方として普段の振舞いの背後に隠れています。偽善というのは私たち自身の前には現れません。ほかの人たちが、自分たちは信じない判断基準を支持するとわかっていても、自分たちは公平だと考えます。ある種の信条を信じていると明言していても、それとは矛盾する行動をとってしまいがちです。

　私たちの信条と行動が一貫性を持って初めて知的誠実が成り立ちます。自分に言い聞かせていることを実行するわけです。言うことと行うことを結びつけます。

　たとえばあなたの関係は、私にとって、とても大切なものだ、と言っておきながら、もし何か大切なことについてあなたに嘘をついたとしましょう。これは誠実さを欠くことになり、偽善的に行動しているということになります。

　考えと行動に矛盾があるのにそれを正当化しては、ほかの人に対し公平になることなどできません。偽善とは不公平そのものです。さらに、もし私たちが自分の考えと行動の矛盾点について感じとることができないとしたら、私たちに関わる倫理的に疑問のある問題について考えることなどできないでしょう。

　人は誰でも知的誠実さを持って行動できない時があります。それは、私たちが公平さを欠き、自分の考えや人生において内的な矛盾について考えられないようになっている時です。

自分で考えてみよう　　　1.6

知的一貫性

　自分の考えについて一貫性のないものや矛盾するだろうと思う点について話し合ってみましょう（自分の嫌いな人あるいは同意できない考えを持った

CHAPTER *1*
公平な視点（立場）で考えられるようになること

人については、たぶん、自分と同じ判断基準を当てはめていないでしょう）。自分の振舞い方が自分が信じていることと矛盾するような状況を挙げてみましょう。たとえば恋人との関係においてどうでしょう。どのような矛盾点があなたの振舞いの中に見出せますか。

知的忍耐：複雑な状況や挫折感を乗り越える

知的忍耐について考えましょう。

知的忍耐とは、問題に対峙する時、挫折感を味わうにもかかわらず、複雑な状況を知的に乗り越えていこうとする姿勢であると定義できます。知的な問題の中には、複雑で簡単に解決に至らないものがあります。知的に複雑な状況や挫折感に直面しても、あきらめないことが知的忍耐です。知的に忍耐強い人は、相手が非論理的な場合でもきちんと論理性を提示し、疑問点が混乱してしまった場合でも、時間をかけて解決していく必要性があるとわかっている人です。

知的忍耐の反対語は、知的怠慢です。難しい問題に直面した時に簡単に投げ出す傾向を意味します。知的に怠慢な人は、知的挫折感を受け入れ、克服することができません。

知的忍耐が足りないと、公平さに対しどのような影響が出るのでしょうか。ほかの人の視点を理解するためには、理解に至るための知的労働が必要です。それには知的忍耐がいります。というのも、ほかの人の視点というのは、自分の考えとは全く違っていて複雑なものだからです。たとえば私たちがクリスチャンであるとし、無神論者の視点に対し公平であろうとしているとしましょう。無神論者の理由づけや思考、見識を理解しないで、公平になることはできません。本を書いてなぜどのようにして無神論者になったかというこ

とを説明している無神論者もいるでしょう。入り組んだ理由づけをしたり、複雑な問題を伴っている場合もあるでしょう。こういった状況に対し、知的忍耐を備え、無神論者の考えを読み、理解したクリスチャンのみが彼らに対し公平になることができるのです。もちろん逆の場合も同じです。

そして、高度な考えをするためには知的忍耐は不可欠であることを明らかにしておきます。高度な考えのためには、知的忍耐を要する知的チャレンジが待っています。数学・化学・物理・文学・芸術などあらゆる分野においていかにうまく論理づけられるかということには、知的忍耐を要します。しかし、ほとんどの人が学習の早い段階で、さっさとあきらめていきます。知的忍耐がないと、こういった学習を通して培われる洞察力を身につけないままになります。知的挫折を味わわずにすみますが、日常生活において複雑な問題が解決できないという挫折感をことあるごとに味わうことになるでしょう。

自分で考えてみよう 1.7

知的忍耐について

ほとんどの人が、知的忍耐よりも体力的な忍耐力を多く備えています。身体については、「苦痛なくして進歩なし」ということを認めています。その一方で、知的問題に出くわすと、いとも簡単にあきらめてしまいます。これまでに困難な問題にぶつかった時、あきらめてしまった経験はありませんか。具体例を挙げてみましょう。

根拠に対する自信：正当な根拠はそれだけの価値があることを認識する

次に根拠に対する自信について考えます。

CHAPTER 1
公平な視点（立場）で考えられるようになること

　根拠に対する自信は、長い目で見て自分や人類全体にとって、それぞれの自由な判断や、道理にかなった考えによって結論を出すことが一番良い結果を生む、という信条に基づいています。人間はきちんとした指導や刺激を受けることで自分のために考え、自分の視点を定め、筋の通った結論を導き出すことができます。人間が生まれつき持っているもろさやほかの人との衝突もありますが、明確で妥当な考えを持ち、正当な理由と明らかな根拠を明示して、論理的にお互いの相手を説得し、理性的になることができます。判断の根拠に自信が持てたら、それは根拠によって正しい方向に向かっていることになります。根拠に対する考えというのは、とても大切で人生における重要な位置を占めます。端的に言えば、根拠に自信を持つということは、ある信条や立場を受け入れるかどうかという判断の基本的な基準として、きちんとした理由づけを行うということです。

　根拠に対する自信の反対語は、根拠に対する不信です。理由づけや論理的分析が身についていない考え方をする人に見られる兆しです。感情的な反応だけで問題に対処していると、判断の根拠に対する自信が持てず、たとえ欠陥があったとしても自分の考えだけに固執してしまいがちです。
　多くの点で、私たちは非論理的な信条や行動パターンに囲まれ、非論理的な世界の中で暮らしています。たとえば、どれほど科学が発達して、丹念な観察に基づいた研究や信憑性のある真相が語られたとしても、いまだに星占いのような実証されていないものを信じる人たちはたくさんいます。多くの人たちは問題に出くわしたとき、衝動的な勘に頼りがちです。意気地なしの人たちを意のままに動かし、熱狂的に駆り立てるだけのリーダーたちに多くの人たちが追随してしまいます。問題を解決し、充実した人生を生きるためにきちんと考える力を認識できるという人はあまりいないようです。これはつまり、根拠に自信を持っている人が少ないということです。根拠に対する信仰という点になると、盲目的な信仰しか持てないようです。そしてこういった盲信は、非合理的で感情的な衝動の結果として表れることが多いのです。

1. カリスマ的な国家的リーダーに対する信奉（ヒットラーのようなリーダーが、何百万人もの民衆を扇動し、宗教的集団の大量虐殺を支持させたことを考えてください）
2. カリスマ的なカルトリーダーに対する信奉（オウム真理教）
3. 伝統的集団の父性的リーダー（宗教的、社会的伝統にのっとったもの）に対する信奉
4. 制度的権威に対する信奉（警察、社会事業に携わる人たち、裁判官、牧師、宗教伝道者）
5. 精神的な力に対する信奉（宗教の信仰で定義されるような「聖霊」のようなもの）
6. 公式、非公式な社会的集団に対する信奉（ギャング、ビジネス集団、教会、政党など）
7. 政治的イデオロギーに対する信奉（共産主義、資本主義、ファシズムなど）
8. 直観に対する信奉
9. 未分析の感情に対する信奉
10. 衝動に対する信奉
11. 運命に対する信奉（私たちすべての運命を左右するような力）
12. 社会的組織に対する信奉（裁判所、学校、ビジネス集団、政府）
13. 社会的な集団や文化の風習に対する信奉
14. 未分析の経験に対する信奉
15. 社会的地位のある人に対する信奉（金持ちの人、有名な人、権力を持った人）

　これらのうちいくつかは、何らかの条件の下で根拠に対する信奉と相入れるものです。大切な点は、こういった信奉がどの程度まできちんとした根拠や証拠に基づいたものであるかということです。そして、信奉に値する正しい基盤があるかどうかということです。たとえば、ある友人がある程度の期間にわたって友人として一貫性のある行動をとっている場合は、その友人を信用できます。一方、たとえ惹かれるものを感じ、友人だと名乗っていたと

CHAPTER *1*
公平な視点（立場）で考えられるようになること

しても、知り合って間もない人を信用することはできません。
　さまざまな信奉に対して、そしてその根拠や証拠に対する確信度を考えた時、どの程度まで論理的な根拠により自分が動かされるのかを考えてみてください。あなたの恋人にとても興味を示す人がいて、あなたはその人のことをあまりよく思えない、という状況を考えてみてください。たとえばその人について、「とても親切で思いやりがあって心の広い人だ」と信用している友達から言われたとしたら、自分の考えを変えることができますか。心の底では自分の恋人に自分のためにその人を振り切ってほしいと思っている時に、自分の考えを変えることができるでしょうか。本を読んだり、経験したり、よく考えた結果、これまで自分の信じていたことは論理的でなかったと判断し、自分の考えを変えたことがありますか。自分が深く信じていること（たとえば宗教や政治的信条など）のいくつかは間違っているかもしれないと認めることができますか。

1.8　　　　　　　　　　　　　　　　　　　　*自分で考えてみよう*

根拠に対する自信

　最近の出来事の中で、自分の主張を押し通し、本当は役に立ったかもしれないのに、その時は同意できず、ほかの主張を聞き入れなかったという状況を思い出してください。そのときあなたはきちんとした根拠を受け入れることができませんでした。その状況で何が起こっていたのかを簡単に書き出してください。そしてその時聞き入れなかったあなたの立場に対し、正当な主張の方を書き出してください。なぜその主張を信用できなかったのでしょう。

回答例
　ある人とドメスティック・バイオレンス（以下DV）について話をしていました。彼女はある宗教を信じていて、すべてその宗教観に基づいた主張をしました。たとえば、「私の宗教は暴力を禁じているから絶対私はDVにあわない」というふうにです。私はもっと科学的

根拠に基づいた研究や対策を考えていたので、彼女が言うことすべてが信じられませんでした。聞く耳を持っていなかったと思います。後で彼女がくれた資料を読み返してみると、まんざらつくりごとばかりが書かれているのではないとわかりましたが、やはり私は自分の中で「変」と思ってしまっている宗教には拒絶反応を起こしてしまいます。

知的自主性：独自に考えられること

最後に知的自主性について考えます。

知的自主性とは、自分自身のために考えるという理想に基づいた自主的な動機づけであると定義できます。論理にかなった自分自身の信条や価値観、考え方を持ち、ほかの人の意のままになったり、任せたりしないことです。

信条を形づくっていく過程で、ほかの人の考えを受身的に聞き入れることはクリティカル・シンキングではありません。状況や問題に対応しながら自分で考え、不当な権威に対しては拒否し、論理的な考えに対してはその価値を認めます。自分の主義にそって考え、行動し、考えずにそのまま何かをただ受け入れるということではありません。行動する場合、ただ言われたまま従うということではありません。ほかの人だったら考えずに聞き入れてしまうような伝統や習慣を検討します。自分の持っている知識や視点に照らし合わせ、社会的地位や権威に惑わされず、独自の考えを打ち立てます。意固地になるとか頑固であるとかほかの正当な意見に耳を傾けないということではありません。自分の間違いは自分で正すことができるように、自分で考えるのです。自分で選びとった価値観に基づいて考えるのです。

もちろん、知的自主性はそれだけで成り立つわけではありません。これまでに見てきた心のさまざまな要因とともに機能を果たします。

知的自主性の反対語は、知的体制順応あるいは知的依存です。知的自主性を身につけるのは難しいことです。というのも、現在ある社会的制度は、知

CHAPTER 1
公平な視点（立場）で考えられるようになること

的、政治的なものであれ、あるいは経済的なものであれ、現状を受身的に受け入れることで成り立っているからです。自分自身のために考えた結果、ほとんどの場合はその権力側にとってありがたくない結論に結びつくでしょう。社会的に期待されるような考え方や行動をしておけば、得をすることがほとんどです。

その結果、一般大衆は知らず知らずのうちに社会的規範に迎合するようになり、それに沿って行動します。彼らを取り巻く制度や価値観をそっくりそのまま映し出す鏡のようなものです。自分自身のために考える知的スキルと動機が欠けているからです。こういった人たちの考えを知的体制順応と言います。

何年もかかって博士課程を修了したような人でも、学術的にも個人的にも知的に依存している場合もあります。教授の研究をただ受け入れ、その研究に対して意味のある批評を聞き入れようともしません。その結果、不当に人を傷つけたり、苦しめたりすることになるのです。

自主的に考えるということは、多角的な視点を持って考えるということの前提ですから、公平に考えられなければ、知的自主性を欠いていることになります。体制に順応してしまえば、受け入れられている視点でしか考えることができません。公平になるということは、自分の損得を考えないことであり、そういった損得に結びつく信条を無批判的に受け入れることを拒否することです。

1.9 自分で考えてみよう

知的自主性

これまでの人生で、自分を取り囲み、影響を与えてきた要素について思い起こしてください（文化、家族、宗教、仲間たち、メディア、個人的な人間関係による影響など）。自分ではほとんど考えずに身につけた考えや行動と、自分でよく考えてとった考えや行動とを区別してみてください。自分では考えていると思っていることでも、実はほかのものに迎合しているだけだとい

うことが多いため、この作業は難しいものです。ですから、あなたのグループで他の人が迎合していて、あなた自身は疑問を抱いているような信条や価値観の例を見つけ出してみてください。

　10代の子どもたちが親や学校に対して反抗するのは、必ずしも自主的に考えた結果であるとは限りません。そういった反抗は、単に親への迎合から仲間への迎合に形を変えただけである場合が多いのです。自分がどのように知的自主性を身につけたかについて説明してください。

回答例
　私はひとりっ子です。世間はひとりっ子をわがままだとか社会性に欠けるとか、いろいろステレオタイプ化しますが、本人の私は独立心旺盛で社会性も十分あると自覚しています。育った環境の影響が大きいと思いますが、わが家にはいつも海外からの留学生が滞在していました。その関係で多様な価値観を認め合う習慣が自然と身につきました。同年齢の若者の中でも異文化の人とは真には理解し合えない、と考えている人も少なくありません。そのような人は、気の合う同質の仲間だけと付き合っています。

知的美徳の相互作用を認識する

　クリティカル・シンキングに必要な心の特徴は、相互に作用し合っています。たとえば知的謙遜を考えてみてください。自分の知っていることの限界を知るためには、自分の先入観や無知であることと向き合う知的勇気が必要です。そして、先入観に気づくためにはもともとは共鳴できなかった立場の持つ論理に対する知的共感が必要になります。そしてこの目的を果たすためには、当然、知的忍耐が要求されます。偏見を抱いていた立場に対して共感できるようになるためには時間と努力が必要だからです。この努力は、間違った考えにとらわれず、反対の立場を正しく理解すると信じる、根拠に対する自信なしには、成果が上がりません。

CHAPTER *1*
公平な視点（立場）で考えられるようになること

　そしてさらに、単に「ものめずらしい」考えを持っても大丈夫なんだ、と信じる程度では、まじめに考えようという姿勢に至りません。正しいことをおこなうという知的感性によって、行動を起こさなければなりません。自分とは反対の立場を公平に判断するという知的責任を認識しなければなりません。自分の無知や偏見で、相手を決してとがめないということをわかってもらうために、きちんと相手の立場に立たなければなりません。この時点で初めて、出発地点である知的謙遜に立ち戻れるのです。

　知的誠実の点から考えてみましょう。知的誠実を身につけ、伸ばしていくのは難しいことです。人間はほとんどの場合、無意識的に、自分でも気づかないうちに一貫性に欠ける判断基準を身につけようとします。自己中心的に、自分を取り巻く環境を中心に考えてしまうため、自分が好ましいと思うことに対しては肯定的な情報を、そうでないことに対しては否定的な情報を信用しがちです。自分の得になることや願望をかなえるために役立つことを信じる方向に傾いてしまいがちです。すべての人間が、何らかのダブル・スタンダード（二重基準）で行動してしまう傾向になり、これは明らかに知的不誠実です。このような考え方が、世の中で人より先に立ち、自分の持てる権力を最大限に発揮し、欲しいものをもっと手に入れようとする姿勢につながるのです。

　しかしながら、あからさまにダブル・スタンダードで行動するのは難しいことです。そこで、証拠になるものをきちんと見るということを避ける手段を使います。自分の憶測や理解に対ししっかりと分析するということを避けます。この点で、知的傲慢の姿勢がうかがえます。たとえば、（あなたが話し出す前に）何を言うつもりか、（証拠が上がる前に）実際に何を言ったか、そして（その状況について私が考える前に）実際に何が起こっているのかわかっていたとしましょう。私の知的傲慢は、あなたに当てはめる基準と自分自身に当てはめる基準の間で明らかに矛盾することに気づかないようにすることができるのです。あなたの考えを考慮しないですめば、自分を欺いていることに気づかずにすみます。あなたの視点に対し公平に判断する必要がなければ、優位に立つこともできます。自分の判断基準に関して一貫性を欠い

図表1.3　そのままの思考とクリティカル・シンキングの違いについて

- 人間は考える。クリティカル・シンキングでは自分の思考を分析する。
- 人間は自己中心的に考える。クリティカル・シンキングでは丹念に自分の考えを取り上げ、自分の自己中心性を明らかにする。
- 人間は信じるに足りない考えに引き寄せられてしまう。クリティカル・シンキングでは、不適切な基準を明らかにし、適切なものに置き換えて考える。
- 人間は自分自身を陥れるようなシステムの中で生きている。クリティカル・シンキングでは、意識的にそのシステムを調べ、自分たちが鵜呑みにしている考え方を捨て去る。
- 人間は一見筋道が通っているようで、実は構造的にあいまいな考え方をしている。クリティカル・シンキングでは、論理的なシステムの中で、どのように考えて行動しているのかを明らかにし、評価するための手段を身につける。
- 人間は知的にも感情的にも自由であるという幻想を抱いている。クリティカル・シンキングでは、知的面でも感情面でも、自分自身は何もので、何に向かって人生を歩んでいるのかということを考えていく。
- 人間は自分の思考に左右される。クリティカル・シンキングでは、自分を支配する思考を自分でコントロールする方法を学んでいく。

ていることに気づきたくない、という潜在的意識も手伝うかもしれません。この場合、私に知的謙遜と知的共感、そして公平さが欠けていることで私は知的誠実を失ってしまいます。

　また別の方向から考えると、もし私があなたの持つ視点に対し公平であるべきだと言う責任を感じたとしたら、ダブル・スタンダードでは判断しづらいでしょうし、責任感を持つということは、あなたの視点を共感を持って見つめ、謙虚になり、ひょっとしたら自分は間違っていてあなたの方が正しいということを認めることになるかもしれません。もし個人的にあなたを嫌っていれば、あるいはあなたと同じ考えを持っている人に対し同意できないでいれば、私の知的誠実でもって、公平にならなければならないと迫られることになるでしょう。

CHAPTER *1*
公平な視点（立場）で考えられるようになること

1.10　自分で考えてみよう

自分を変える

あなたは、この章で説明されているような知的特徴を持った人になりたいと願っていますか。その思いはあなたにとってどのくらい大切なものでしょうか。自分の感じる義務感についてクラスメートと話し合ってみてください。この作業では、正直さがキーポイントになります。

回答例

私は17歳の女子高校生です。今まで自分は、何をやるにもいつも誰かに合わせて自分の意見を言っていませんでした。何か目立ったりすると、意味もなく罪悪感を感じたり、自分の意見を言ったにもかかわらず、相手が自分と反対の意見を言ったとしたら、「私もそう思う」などとすぐに意見を変えたり……。最近そんな自分や周りの環境にとても疑問を抱き始めました。もっと自分を前面に出していかないと自分が何なのかわからなくなってしまう。自分をつくらず、素直に自分を出していこうと思うようになりました。

まとめ

　よく考えられるようになるということは、孤立した個々の知的スキルを身につけることではありません。本人は気づいていないけれど知的美徳を持たず、考え方に決定的な問題のある人たちがいます。そういった人たちは知的訓練を受けていない考えを露呈してしまうことが多いのです。自分の信じたいことや、気が楽になることだけを信じ、自分の有利な立場や利益につながることだけを無意識的に信じている限り、論理的に考えるということはできません。

　この本を通して、必要不可欠な知的美徳をぜひ自分のものにしてください。あなたの周りにいる知的体制順応をする人たち、そして自己中心的な考えを

持つあなた自身に負けないでほしいと願っています。

CHAPTER 2

第2章
思考のメカニズム

　この章では理由づけ (reasoning) の要素に焦点を当てます。これは思考を分析するためのキーポイントになるものです。次章では思考を評価するためのキーポイントとなる知的基準について論じていきます。ここではまず理由づけの基本的なポイントから始めます。理由づけとは、理解しようとする事柄に関して筋道立てて考える知性の精神的な過程を意味します。

生活全般にわたって理由づけをおこなう

「考える」という言葉と「理由づける」という言葉は日常生活においてほぼ同じように使われています。「理由づける」という言葉の方が形式ばった意味合いを持っています。これは考えることの知的な意味合いが強調されているからです。

理由づけとは、理由をもとにして知性によって結論づけをしていることです。どんなことでも何かが意味を成した時、私たちは結論づけをおこないま

図表 2.1 クリティカル・シンキングでは知的性質を高めていくために、理由づけの過程に常に知的基準を当てはめます。

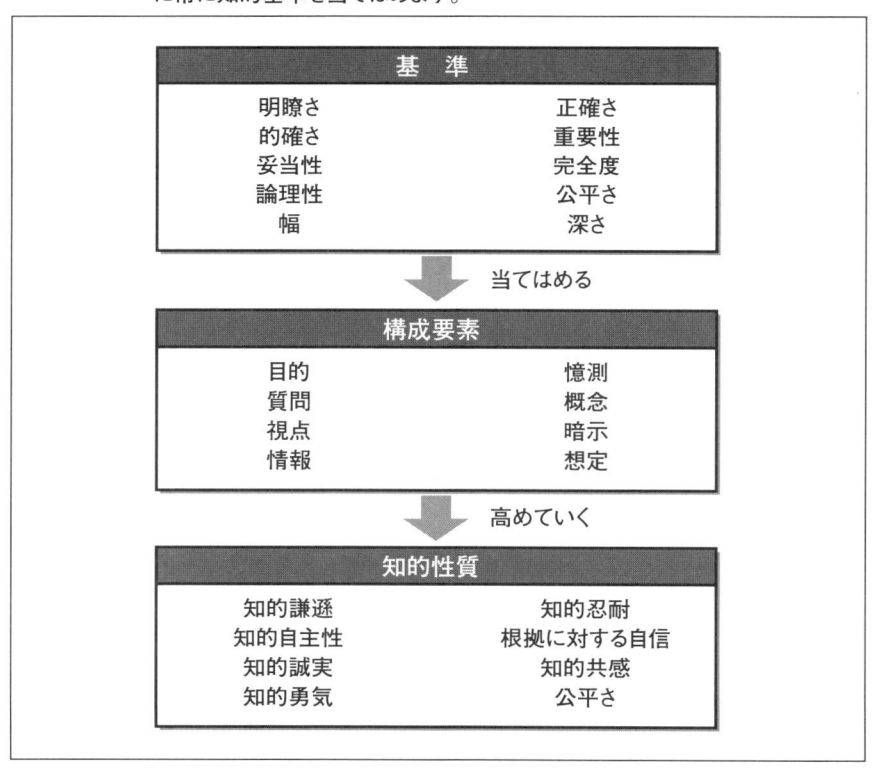

```
┌─────────────────────────────────┐
│             基 準                │
├─────────────────────────────────┤
│   明瞭さ           正確さ         │
│   的確さ           重要性         │
│   妥当性           完全度         │
│   論理性           公平さ         │
│   幅              深さ           │
└─────────────────────────────────┘
              ↓ 当てはめる
┌─────────────────────────────────┐
│           構成要素               │
├─────────────────────────────────┤
│   目的            憶測           │
│   質問            概念           │
│   視点            暗示           │
│   情報            想定           │
└─────────────────────────────────┘
              ↓ 高めていく
┌─────────────────────────────────┐
│           知的性質               │
├─────────────────────────────────┤
│   知的謙遜         知的忍耐       │
│   知的自主性       根拠に対する自信 │
│   知的誠実         知的共感       │
│   知的勇気         公平さ         │
└─────────────────────────────────┘
```

CHAPTER 2
思考のメカニズム

す。考えている時には常に理由づけを行っているわけです。日常生活の中では全体像を意識することなく理由づけをしていることがほとんどです。

朝、目覚めた瞬間から理由づけは始っています。朝食や着るもののことを考え、通学途中で立ち寄る店のことを考え、一緒に昼食をとる相手のことを考えたりします。運転している時は交通状態を見極め、ほかのドライバーたちの行き来に反応し、速度を速めたり遅くしたりします。

日常のどんなことに対しても、たとえば、詩・微生物・人々・数字・歴史・社会的背景・精神状態・性格判断・過去・現在・未来など、ありとあらゆることに関して、結論づけができます。

きちんと結論づけできるようになるためには、そこに至る過程をしっかりと分析することが必要です。何を見出そうとしているのか。どういった情報が必要なのか。その情報を把握しているのか。どのようにしてそれが正確であると判断するのか。自分がいかに考えているのか、ということに関する意識が希薄であれば、誤った判断をする可能性が増えてしまいます。学習効果を最大に得るためには、自分の理由づけを分析し評価できるようになる必要があります。

2.1　　　　　　　　　　　　　　　　　　　　　　　　　自分で考えてみよう

日常生活の中で「考えること」を意識する

今日1日の自分の行動を振り返って、リストをつくってみてください。1つ1つの行動に関して、どういう考えでそうするに至ったか、その行動をとったのかを書き出してください（ほとんど無意識にそうしたと思います）。たとえば、今朝、家を出て、食べるものを買いに店に立ち寄ったかもしれません。この行動は、何か食べるものが必要だと考えることがなければ、意味のない行動だということになります。そして店でいくつかの品物を買ったとします。これは必要なものを無意識のうちに選び取っているということの結果です。

理由づけには原理があるか

　思考の構成部分は「思考の原理」あるいは「思考の基本的構造」と呼ぶことができます。ここではこれらの表現を同じ意味で使っていきます。理由づけの原理はいつどこでどんな理由づけをおこなうにしても必要不可欠です。理由づけの原理が一緒になって理由づけを形づくり、思考を論理的に展開していくことになります。

　思考の原理を見分けられるようになれば、原理のどこが間違っているかを見つけ出し、自分の考えの間違っているところがわかるようになります。これはクリティカル・シンキングに必要不可欠な能力です。そこで理由づけの原理を見分ける能力が非常に大切なものになります。

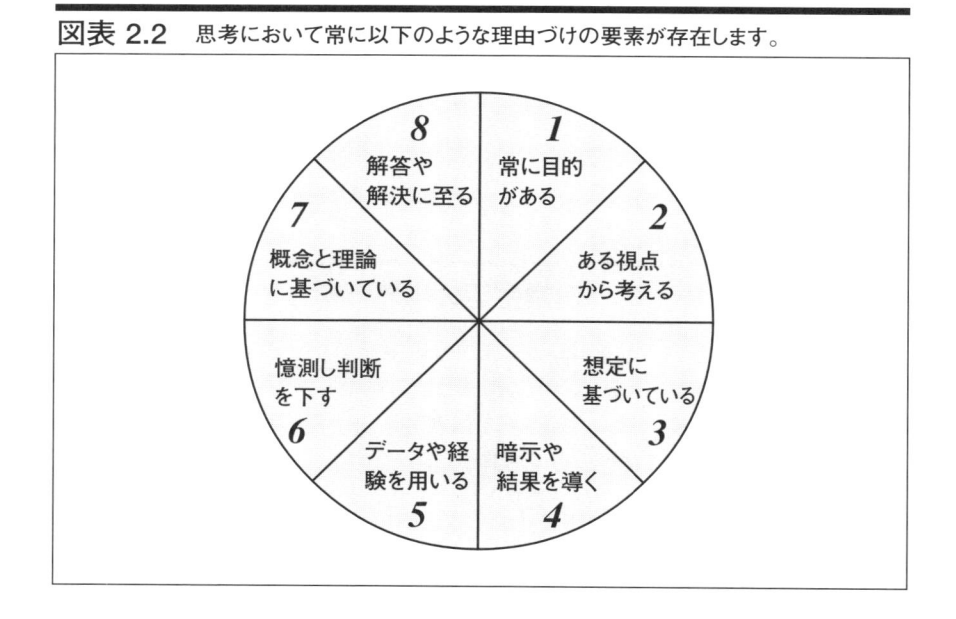

図表 2.2　思考において常に以下のような理由づけの要素が存在します。

1. 常に目的がある
2. ある視点から考える
3. 想定に基づいている
4. 暗示や結果を導く
5. データや経験を用いる
6. 憶測し判断を下す
7. 概念と理論に基づいている
8. 解答や解決に至る

CHAPTER 2
思考のメカニズム

図表 2.3 クリティカル・シンキングでは、分析するために自分の思考を切り離して考えることが不可欠です。

常に
クリティカル・シンカーは ▶ 自分の思考を
切り離して考える

自分の理由づけについて考える

　理由づけとは理由をもとに結論づけをおこなう過程のことを意味します。表面的には単純な作業のように見えますが、知的な作業をおこなう能力が必要になります。

　自分が考える過程において無意識におこなっていることを意識化する練習が必要になります。そうすることで自分の思考の奥深くで起こっていることが理解できるようになります。この章では意識化の作業に大切な要素を見ていくことにしましょう。

思考の原理

　思考の原理がどのような相互関係にあるかを検証していきましょう。

　理由づけをする時は、ある視点から何らかの概念に基づいて、目的を達成しようとしている時です。推測に基づいて結論づけをおこなうために、情報を用いて問題や疑問を解決することに焦点を当てます。そしてその結論はほかへ何らかの影響を及ぼします。

　まずこれらの概念を検証することから始めます。こういった用語に慣れ親しむことは重要なことで、これらの用語を自分の経験に基づいて自分の言葉で説明できるかどうか確かめてみてください。

図表 2.4 思考の構成要素が理解できれば、各要素の決め手になる質問を問いかけることができます。

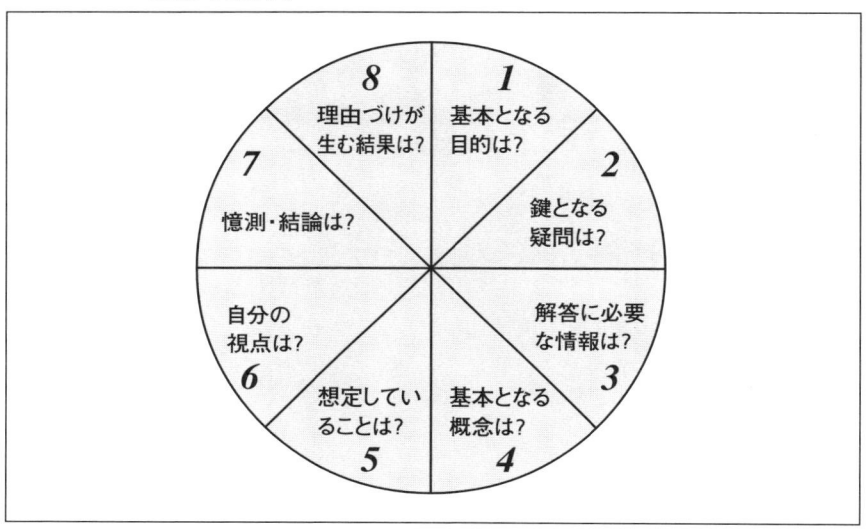

- 1 基本となる目的は?
- 2 鍵となる疑問は?
- 3 解答に必要な情報は?
- 4 基本となる概念は?
- 5 想定していることは?
- 6 自分の視点は?
- 7 憶測・結論は?
- 8 理由づけが生む結果は?

　理由づけとは、自分の心の中で何らかの意味を与えることによって、ある事象に筋道を立てるということを意味します。本質的に、考えるというのは、筋道を立てるという作業の一部です。たとえばドアを引っかく音が聞こえたら「あ、犬だな」と思うことであり、空が曇っているのを見て、「雨が降りそうだな」と考えることです。こういう作業は無意識におこなわれることもあります。私の外見や私の出す音で、それが私であるとわかることです。こういった理由づけは、特に気に留めるほどのことではありません。誰かが説明を求めた場合やそれに対して回答する場合は、改めて理由を述べることになります。日常生活においては、目標や目的を決め、どうしたらそれをかなえられるかということを考えます。何かを決める時に、何らかの考えや理由に基づく理由づけが必要になります。

　目的を持つことの理由づけによって、人間が何かについて考える場合、行

CHAPTER 2
思考のメカニズム

き当たりばったりではなく何らかの目的や欲望、必要性や価値観に基づいて考えているということを意味します。思考は、何らかの行動パターンが組み合わさってできたものであり、どんなに単純なことでも、結果を念頭に置いて行動しているものです。自分自身のことも含めて思考を理解するためには、思考がどのように機能し、それがどういったことであり、どのように進行し、最終的にどこに行きつくのかということを把握する必要があります。思考した後では、そういったことはわからなくなってしまいます。そこで、目的や欲望を意識化のレベルに引き上げるということがクリティカル・シンキングにとっては重要になります。

ある視点に基づいて理由づけするとは、自分の思考が何らかの包括的な志向に基づいているということを意味します。思考はある対象について何らかの視点に基づいておこなわれるものです。思考の対象や視点を変えるということは可能であり、視点についてはどんなふうに見ているかを考えることで、明確にすることができます。たとえば、政治的な視点、科学的な視点、詩的な視点、哲学的な視点などです。保守的な立場、進歩的な立場、宗教的な立場、非宗教的な立場に立つということもあります。文化的な視点、財政的な視点を持つということもあるでしょう。どのような視点から対象をとらえているかを理解することで、思考の全体をより正確に判断することができるようになります。

理由づけにおける概念とは、何らかの情報を解釈したり、分類したりする時に基本となる一般的な区分けや考え方を意味します。たとえば、この本の中でクリティカル・シンキングとそうでない考え方との概念は非常に大切です。書かれている内容はすべてこれらのどちらかについての説明であると分類することができます。さらにそれぞれの考え方はほかの概念によって詳しく説明されています。クリティカル・シンキングという概念は、たとえば「思考の知的基準」という別の概念で定義されるわけです。科学や地学、文学や数学などの学科にも独自の概念や専門用語があります。スポーツなどに

もゲームを進め、理解するためにいろいろな概念を表す語彙があります。たとえば、ストライク・ボール・ショート・イニング・打席・ヒット・得点・セーフ・アウト・ボークなどを知らない人に野球を教えることは困難です。実際にゲームをするとなると、こういった概念をすべて把握していなければなりません。こういった概念なしでルールを作ることはできませんし、ゲームは全く意味を成さないものになるでしょう。

　問題点を理由づけるとは、自分の目的や願望、必要性や価値観に応じて周りのことを考える時、必ずと言っていいほど回答や解明を迫られる問題に出くわすことを意味しています。難題にぶつかったとき、自分の抱えている疑問、問題点はなんだろうと自分に問いかけてみることには大きな意味があります。思考能力を高めるためには解決すべき疑問、課題、問題点をどのようにしてはっきりと打ち出していくかということを学ぶことが大切です。もし疑問が変われば、その答え方に見合った判断基準も変わってきます。問題が変われば、その解き方も変わってくるでしょう。課題を移せば、それに見合った解決法を考える必要が出てきます。

　理由づけにおいて情報を使用するとは、結論を裏づけるために事実やデータ、経験として存在していることを取り入れるということです。誰かが理由づけをおこなった場合、「どういった事実や情報に基づいて理由づけをしたのか」と聞きただすことはとても大切です。理由づけする上で事実的根拠はとても重要になります。たとえば以下のような情報を見てください。

女性専用車両、「歓迎」男女とも7割前後
　国土交通省が2002年2月首都圏の鉄道利用者と女性団体2万人を対象に調査を実施した。25.6％に当たる5100人（男性約2600人、女性約2500人）から回答を得た。女性専用車両の導入の是非について、女性の50.3％が「賛成」と回答。「どちらかといえば賛成」（27.0％）と合わせると8割近くが歓迎している。男性でも「賛成」「どちらかといえば賛成」の合計は65.8％に上っ

CHAPTER 2
思考のメカニズム

た。(出所:『日本経済新聞』2002年8月14日付)

　こういった情報が理由づけの確固たる根拠になるということがわかるでしょうか。反対の立場に立つとなると、こういった情報に立ち向かえるような、たとえば痴漢問題の根本的解決に関する情報を提示するでしょう。事実やデータを検証すること、それはクリティカル・シンキングの鉄則です。

　結論づけをするということは、自分が知っていると信じていることをもとに、さらに別のことを明確にするということを意味しています。たとえば、あなたが声もかけずに私の横を通り過ぎたとしたら、あなたはきっと私に対して怒っているんだろうという結論（推測）づけをするでしょう。コンロにかけてあるやかんが鳴り出したら沸騰しているんだという結論（推測）づけをするでしょう。日常生活の中では常に人やもの、場所、出来事に関してありとあらゆる推測（結論づけ）をしています。

　想定に基づく理由づけとは、何かを明確にするために「当然だと思っていることを真実としてとらえる」ということを意味します。パーティーの後で「さらにお近づきになりたい」とアパートへ誘ってくるような相手は男女の関係を求めるためだと考えていれば、夜遅く異性のアパートへ行くことはそういう関係を持つためだと憶測することができるでしょう。何らかの想定に基づいて理由づけをし、それがとりたてて語られるということは普通ありません。

　理由づけの結果というのは、思考の後に続くものということです。すなわち思考が導くものだと言えます。たとえば誰かに「愛している」と言えば、それはその人の身を案じるということです。誰かと約束をすれば、普通それを守るつもりだということを意味します。ある国が「民主主義である」と言えば、政治を行使する力は、ほぼ（少数の権力者に相対する）人民の手にある、ということを意味しています。「フェミニスト」であると称すれば、政治的にも社会的にも経済的にも男女同権を支持しているということです。あ

57

る人が信用できるかどうかは、その人が自分の言葉に対して誠実であるかどうかによってわかります。「自分が本当に意図することを述べ、述べたことは本気である」というのは、クリティカル・シンキングの鉄則であり、人間としての人格にもかかわります。

日常生活における例：ジャックとジル

　ここでは普段の生活で起こる意見の食い違いについての例を分析してみましょう。同時に体験した状況について全く別の結論を引き出すに至った恋人同士の例です。

　ジャックとジルは恋人同士で一緒にパーティーに出かけました。ジャックはパーティーの間ほとんどスーザンという女性と一緒にいて、話をしていました。帰り道、ジルの様子がいつもと違うのでジャックは「どうしたの」とたずねます。少しためらった後、「スーザンをひっかけようとしていたみたいだから、おもしろくなかったわ」とジルが言いました。

ジャック：ひっかけるって……別にそんな気なんかなかったよ。
ジル　　：じゃあ、あれは何だったって言うの。
ジャック：友達になろうとしていただけだけど……
ジル　　：男の人が特定の女性の横にずっとくっついて座って、視線を送りながら時々親しそうに触ったりするのをひっかけるって言うのよ。
ジャック：誠実な恋人の言動をチェックして、いちいち証拠をあげつらうのを被害妄想って言うのだよ。
ジル　　：被害妄想？　何てこと言うの！
ジャック：だってそうだろ？　人のことを疑ったりして、何の根拠もないのに。
ジル　　：今日だけじゃないわ。ずっと前からそんなだったって友達から聞いているんだから。
ジャック：君は独占欲が強くって嫉妬深いって聞いてるけどね。人のことを

CHAPTER 2
思考のメカニズム

とやかく言う前に自分のこと考えろよ。カウンセリングにでも行ったらどうだい。

ジル　：男ってみんなおんなじよね。女は自分になびくもんだ、ってうぬぼれているんだから。自分のプライドばっかりで、悪いところなんか見えないのよね。そんな調子だったらこれからの私たちのこと、考えた方がいいかもしれないわね。

ジャック：それはこっちのせりふだよ。君の被害妄想に付き合わされてさ。謝ってもらわないと気がすまないよ。

分析

- ・目的　：よい恋愛関係を維持することが双方に共通する目標である。
- ・問題点：違った受けとめ方をしている点が問題である。ジャックにとっては「ジルはいつ自分の被害妄想を直すのか」が問題であり、ジルにとっては「ジャックはいつ自分の行動を振り返るか」が問題。
- ・結論　：ジャックとジルはある行動に対して状況を推論しているが、見方が違っている。ジャックにとっては単に「友達」に対してとった行動にすぎず、ジルは、それを「ひっかける」行為だと受け取った。
- ・事実　：パーティーで実際にジャックがとった言動。過去におけるジャックの女性に対する振舞い方。さらに付け加えるなら、過去の恋人に対するジルの行動が「被害妄想」的であったかどうか。
- ・想定　：ジャックは、スーザンやほかの女性に対しても自分の気持ちに偽りはないと考えている。また、自分はどんな人が被害妄想者か見極めることができると思っている。さらに女性は被害妄想者的な行動をとるものだと決め込んでいる。ジルはジャックの行動が友人に対する以上のものだと考えている。どちらも双方の友人から聞いたことが正しいと考えている。どちらも自分のとった行動は正当だと考えている。

- 概念　：理由づけの鍵となる概念が4つある。(異性を)ひっかける・友人としてのかかわり方・被害妄想・(男性の)うぬぼれ。
- 結果　：ジャックがパーティーでとった行動に対してお互いに相手が非難されるべきであると考えている。自分たちの関係はすでに修復不可能だと考えている。
- 視点　：両者とも性差に基づいたものの見方をしている可能性がある。また2人とも自分は相手の犠牲者であり、自分は悪くないと考えている。

　この口げんかの内容を整理してみて、どちらがどこまで正しいかといったことを判断することはできません。パーティーでの状況に関してどちらの解釈が適切か決めるには、さらに詳しい情報が必要になるでしょう。ジャックがスーザンにとった行動に対して確認できたとしたら、ジルの言ったことは正しく、ジャックがスーザンをひっかけようとしていたという結論に至るかもしれません。あるいは、話を聞いただけではジルの反応は適切でないといった判断を下すかもしれません。

思考の原理の相互関係

　思考の原理を理解するためには、それぞれの原理の相互関係がすぐわかるようになるまで、いろんな形で表現してみることです。たとえば、理由づけのそれぞれの要素を人間の身体の各部分にたとえてみることもできます。体の各部が正常に機能しているかどうかで、自分たちの健康状態がわかります。また、各部分はお互いに影響し合いながら機能しています。以下のように相互間の関係を説明することができます。

- 目的はどういった質問をするかに影響する
- どういった質問をするかは、収集する情報に影響する
- 収集した情報はどう解釈するかに影響する
- 情報の解釈の仕方は、それをどのように概念化するかに影響する

CHAPTER *2*
思考のメカニズム

・情報をどのように概念化するかは、想定の仕方に影響する
・想定の仕方は、思考の後に続く結果に影響する
・結果は、どういった視点を持つかに影響する

2.2 自分で考えてみよう

理由づけの原理を使って考える

　自分が理由づけした中で、重大な意味を持つものを挙げてみてください。たとえば大学へ進学するというような決意を取り上げてみましょう。どういった状況でその決定を下したのか、その決定を下すまでにどういった推測（学費やメリットなど）をしたのか思い起こしてください。自分の決断が持つ意味や結果、今後の人生に及ぼす影響、進学を決める際に考慮した情報、自分に問いかけたこと、自分の人生や将来をどう考えているかといったことをきちんと書き出してみてください。自分の考えにおいて、こういった要素がどのように関係し合っているか把握していますか。

情報に基づいて考える：固定観念、無知の活性化、知識の活性化

　理由づけをするときに何らかの事実やデータ、経験など全くなしで判断を下すということはできません。信憑性のある情報をもとに自己の経験を振り返るというのはクリティカル・シンキングにとって必要なことです。情報源には特に気を配る必要があります。自分の経験を批判的に分析できるようになることが大切です。経験は何にも勝る教師ですが、偏見を持って見てしまうと、新たなる偏見につながり、ゆがんだ見方をすると、別のゆがみを生み出し、妄想はさらなる妄想をふくらませます。自分の経験が絶対的なものだと考えるのではなく、批判的な目で分析し評価してみることが必要になります。

　情報の受け取り方には3通りあります。1) 固定観念を身につけてしまう。

2）無知を活性化する。3）知識を活性化する。

1） 固定観念を身につけてしまう

　固定観念を身につけるとは、理解していると思い込んだまま、実際は理解することなしに覚え込んだことを情報としてとらえていることを意味します。たとえば、学校教育においてほとんどの人が民主主義について学び、その概念を理解したと思い込んでいます。このようにして身につけた情報は、空しい意味のない言葉の伝達にすぎません。子どもたちのほとんどは「人民の人民による人民のための政治」を学びます。こういう言い回しは覚えやすく、それを記憶することで理解したと思いがちですが、現存している国の民主主義に当てはめて意味を考えてみるというところには至りません。実際には以下の質問に答えられるような人はほとんどいないのではないでしょうか。

1. 人民の政治と人民のための政治はどこが違うのか。
2. 人民のための政治と人民による政治はどこが違うのか。
3. 人民による政治と人民の政治はどこが違うのか。
4. 人民とは誰のことか？

　学校で覚えた情報に関してそれ以上考えるということはほとんどありません。知っている情報というのは中身の伴わない言葉にすぎません。クリティカル・シンキングができるようになるためには、自分が抱いている固定観念を知り、それを意味のあるものに変えていくという姿勢が必要になります。

自分で考えてみよう 2.3

固定観念を探る

　学校や家庭で得た知識について振り返ってみましょう。何度も聞かされていることで、いわゆる固定観念といったものに当たるものを探し出してみて

CHAPTER 2
思考のメカニズム

ください。たとえば国旗に対する忠誠の誓い、スローガン、耳にこびりついているような言い回しで、実は特に深い意味のないようなものです。そういった知識や情報をどれだけ探し当てられるでしょう。ここで1つ実験をしてみます。その知識や情報を説明できるかどうか、効果的に使うことができているかどうか。もしできなければ、それは固定観念に縛られているということになります。固定観念だと考えられるものをクラスメートと話し合ってみましょう。もし何も思い当たらなかったとしても、それは必ずしも固定観念を持っていないということではないはずです。

回答例
政治家は腹黒い。
学者は頭が固い。
イギリス人は気まじめだ。

2) 無知を活性化する

　無知を活性化するとは、本当だと信じ込んでいる間違った情報を積極的に使うことです。ルネ・デカルトという哲学者は、動物には感情がなく、ロボットのような機械であるにすぎないと信じていました。彼はこの無知なる情報に基づいて、痛ましい動物実験を行い、動物たちが上げる苦痛の叫びもただの騒音にすぎないと解釈しました。

　自分が本当にはわかっていない事柄や人々、状況について、自分はわかっていると信じたがる人がほとんどです。間違った考え方や幻想や概念をもとに行動をとっています。そして結局、時間やエネルギーの無駄につながり、負わなくてもいい傷を負ってしまいます。

　無知の促進は、時に何百万という大衆を巻き込む原因となることがあります（ドイツ人は優等民族でユダヤ人は劣等民族だと考えた結末を思い起こし

てください)。もちろん、ひとりひとりの間違った概念に基づくこともあります。どちらにしても、無知の活性化は非常に危険なものです。

　そこで、自分の信じていることを問いただしてみるというのは重要なことになります。特に、それが直接何らかの行動につながる場合、誰かを傷つけたり痛めつけたりする可能性がないかということを、慎重に考えなければなりません。誰でも何らかの形で無知の促進をしているものです。それを減らしていくのが自分の仕事だと思ってください。アルコールが入っても安全運転できると信じているドライバーを想像してください。あるいは喫煙は健康に何ら害を及ぼさないという信条でも結構です。

　何が無知であり、何がそうでないかを見極めることは簡単なことではありません。ある考えにでくわした時、それが間違っているかどうかを見定めるかどうかは別として、無知を活性化するという概念を持っていることは非常に重要です。どういったことが無知の活性化につながるのかということをしっかりと心に留めておくことで、誤った考え方に対し、気をつけることができます。自分の無知の活性化によってほかの人を傷つけている人は、自分がその原因だということがわかっていません。無知が真実として効力を持つと、些細なこととして無視できなくなります。

自分で考えてみよう　　　　　　　　　　　　　　　2.4
活性化された無知を探る

　学校や家庭で学んだことを思い出してください。本当だと信じ込んでいたのに、実は間違っていてマイナスに作用したことを見つけ出してみましょう。無知を活性化してきた仲間たちのことに思い当たるかもしれません。いやいや学んだことでもかまいません。どれぐらい活性化された無知に思い当たるでしょう。ここで自分に問いただしてみます。以前は正しいと信じていたことが、実は間違いだとわかったことはないか。自分の思い当たったことについてクラスメートに話してみてください。もし何も思いつかなくても、活性化された無知とは関係がないということではありません。なぜ思い当たらないのかその理由を考えてみてください。

CHAPTER *2*
思考のメカニズム

> **回答例**
> 私は中学生の世界史の時間に「1492年コロンブスがアメリカ大陸を発見した」と習い、暗記しました。でも最近、先住民に対する白人の虐殺の事実を知り驚きました。歴史は見る視点の違いで全く違う解釈が成り立つことを知りました。

3）知識を活性化する

　知識を活性化するとは、その知識を単に真実として受け入れるだけではなく、それを基礎にしてさらにより深く多くの情報を求めることを意味します。

　たとえば歴史の勉強を取り上げてみましょう。ほとんどの場合は、教科書に出てきた歴史的事項をテストのために覚えるという作業にとどまっています。実際に理解もしていないし説明もできないものは、固定観念化するだけです。あるいは、間違って理解し、誤った説明をしてしまうようなものは、無知を活性化するだけです。テストが終わったとたん忘れてしまうことが、ほとんどのケースかもしれません。

　クリティカル・シンキングをするためには、歴史的な視点でその必然性を理解することで、歴史の必然を理解する方法を身につけるということが必要になります。こういう基本的なことから始めることが、知識を活性化することにつながっていきます。過去に起こった歴史的知識を通して考えることで、さらに歴史的な知識を築いていくことができます。

　たとえば、歴史の基本的な出来事を理解することから始めましょう。過去の出来事を説明することで、現在を理解し、さらに未来に関して理にかなった予測ができるようになるでしょう。歴史の論理性といった基本的な知識を身につけることで、日常生活においても歴史的な思考方法を取り入れることができます。何かあるテーマについて考えることと、普段の生活の中で考えることとの間に、何らかの関連性を見出すことから始めてみます。たとえばこの歴史的な思考方法を暫定的に取り入れれば、すべての人はそれぞれ自分の中に自分だけの物語を作り上げていっている、ということが明らかになると思います。この物語は、過去に照らし合わせて現在を理解し、さらに未来

について予測を立てるために利用することができます。しかしながら、自分に関してこういうことをしようと考えている人はほとんどいません。

　歴史の必然に関する知識を振り返り、その意味するところを考えれば、歴史的な思考と、いわゆるうわさ話との間に類似点があることに気づくと思います。うわさ話では、誰かの最近の言動について話をつくり上げ、ほかの人に伝えます。歴史の必然ということを考えれば、新聞のニュースというのは歴史的思考に類似した考え方でつくり上げられているものだということがわかってくるでしょう。うわさ話、そしてニュース、どちらの場合も、誰かが過去の出来事を何らかの意味を持つように説明をしているわけです。

　さらに歴史の必然性を追っていくと、「ある一定の期間内に起きたことを説明するために、実際に起こった事柄の何パーセントが説明に加えられたのか」という疑問を投げかけられるようになります。どんな期間も、それがたとえたった一日という短い時間であっても、無数の出来事が起こっているために、実際に歴史的な説明として取り上げられるのはほんの数パーセントにしかすぎないということがわかるでしょう。そしてその結果、歴史家というのは、実は常にどういったことを取り上げ、切り捨てるのか、ということを価値判断に基づいて、取捨選択しているに違いないということに気づくようになります。

　さらに深く考えれば、ほかにも違った歴史が存在し得ることや、違った焦点の当て方ができることがわかってくるはずです。いわゆる歴史に名を残した人たちを取り上げた説明と、彼らとは違った社会的・経済的身分の人たちを取り上げた説明とでは明らかに対照的なものになるはずです。それゆえ、歴史に関して特定の質問をするということは、その人の特定の興味や目的を反映しているということになります。

　さらに以下のような項目も明らかになります。

1) 問いかけられた歴史的質問は、どういったデータや事項が適切かということを決定づける要因になる
2) 同じ1つの出来事でも違った概念を用いて解釈することができる

CHAPTER 2
思考のメカニズム

〔たとえば、人々や社会的変遷についてのさまざまな政治的、社会的、経済的理論〕
3) 歴史家はそれぞれ違った仮説を立てている
〔それぞれが最も大切だと考えている質問やデータに基づいている〕
4) 歴史家があるグループや人々を特定し、彼らの歴史について語る時、その長所を強調することが多く、彼らと相反する人々に対しては短所を強調することが多い。

　自分の歴史観が変わったと感じられるのは、こういった発見や見識を自分できちんと把握できた場合です。こういった発見や見識を得ることで、教科書に書かれている歴史以上のことが見えてきます。日常生活の中でも重大な意味を持っている歴史的な思考をはっきりと認識し、それに対する価値判断ができるようになります。歴史を浮き彫りにし、歴史のとらえ方やその影響力や、人類の幸福といったことまで見えてくるようになります。
　知識の活性化とは、共通の経験に体系的に当てはめられた時にさらなる知識を推し量ることを可能にするダイナミックで発展性のあるアイデアだということができます。知識の活性化はどんな訓練に対しても可能性を持っています。基本的な考えや目標に関連する基本的な情報から始めてみましょう。基本的な概念においてこの原理を当てはめることで、思考や知識、それらを一緒にして考えることの威力を感じとることができるでしょう。ものごとの論理性を探れるようになることは知識の活性化を実践する上で一番の効果があります。自分の生涯学習を必要不可欠なものにするための一番のキーポイントです。

2.5, 2.6, 2.7　　　　　　　　　　　*自分で考えてみよう*

活性化された知識を探る

　学校や家庭で学んだことを思い出してください。深くしっかりと身につけ、それをもとにさらに学習を進めていく基本になったような知識です。きちん

とフォームを習い、基礎を身につけたスポーツが思い当たるかもしれません。

　活性化された知識を持っていないことに気づくことになってもかまいません。それは本当のことをあまり知らないということではありません。自分の考えや学習において基本となる原則をまだ学んでいないというにすぎません。自分の考えたことについてクラスメートに話してみてください。

事実を探る

　自問してみよう。

　クリティカル・シンキングに当たって大切なスキルは、情報や知識を評価するということです。まず、情報と事実、そして情報とその正確さは同じものではないということを認識することです。さらに、事実や真実として提示されていることが実は必ずしもそうではないと認識することも必要になります。そして、情報の発信源である人や状況、グループに威信があったとしても、それは情報の正確さや信頼度とは何ら関係がないということも知っておく必要があります。「教育を受けた人間というのは、知識のほとんどは不完全で、間違っており、偽りで、全く無意味なものにすぎないということを知っている人のことである」という格言を心に留めておいてください。

　真の専門家は自分の仕事に関してあらゆる防衛手段を考えます。実地にかかわることなく手段だけを学ぶというのは無理なことです。しかしながら、一般的な情報、特に人々やグループの利害に関係するような信条を支持する何らかの情報に対し、鵜呑みにしないで疑ってみるという姿勢を身につけることはできます。提示された情報に関して以下のような質問を自問自答してみることで、懐疑的な姿勢を身につけていきます。

- 自分の直接体験に基づき、どの程度までこの主張を正しいと受け入れることができるか。
- この信条を信じることは、これまで真実だと信じてきたことと、どの程度まで合っているのか。
- これを主張している人はどのようにこれを支持しているのか。
- このたぐいの主張を評価するためのシステムや手続きはあるか。
- この情報を受け入れることは、それを主張している人やグループの利害を促進することになるのか。

CHAPTER 2
思考のメカニズム

● この情報を主張している人は、質問を受けると不愉快だと思うか。

　こういった質問は万能薬として機能するということではありません。自問自答した後、どう考えるかということにかかっています。正しい判断をくだすことで、情報を評価する際に犯すミスの数を減らすことができます。ここでは、事実だと提示された情報に対して上記の自問自答を練習するということが大切です。

（暫定的に）情報を評価する

以下の主張に対し、事実かどうかを考えた上で評価してください。

1. あなたの友人は、知り合いの行動を知るために占星術を使っていて、占星術は正確であると信じています。誰と結婚するか（あるいはしないか）といったことを決めることも含めて人間の行動を予測するのに占星術が役立つと信じています。

2. 「聖書（神の言葉）と矛盾することは誤りであるから、科学的な発見を評価するためには、科学は聖書の供述を使うべきである」と誰かが発言するのを聞きました。

3. 心臓発作のあと、死の世界から生還したという人の報告を読みました。この人は自分が死の状態にあるとき霊魂と出会ったので霊魂の世界は確実に存在するといっています。

4. あなたの友人は、1人で砂漠をさまよっている時に宇宙が聖なる呪文を授けてくれたという経験をもとに、宇宙は霊の法則でまわっていると主張しています。

5. あなたは、ある女性が「男性は女性としての経験をすることはないわけだから女性を本当に理解することができない」と言っているのを聞きました。

憶測と想定を区別する

　すでに述べたように、理由づけの各要素は相互に関連し合い、影響を及ぼし合っています。ここでは憶測と想定の違いについて検討していきます。この2つを区別できるようになることは、クリティカル・シンキングにおいて非常に重要な意味を持ちます。この2つの要素の基本的な意味を定義しておきましょう。

1. 憶測

　憶測とは、何らかの真実あるいは真実であるように見える事柄に基づいて、何か別のこともまた真実であると結論づけることです。もしあなたがナイフを手にして現れたなら、多分私に危害を加えようとしているんだろうと憶測します。憶測は正しい場合もあればそうでない場合もあるし、論理的である場合も非論理的である場合もあるし、正当である場合もそうでない場合もあります。

2. 想定

　想定とは、何かを当然のこと、あるいは前提として考えていることを意味します。ほとんどの場合、以前に習得した事柄で、特に疑問にも思わないようなことです。自分の信条として組み込まれていることです。自分の信条は正しいものであると思い込み、周りのことを解釈する基盤となります。たとえば大都会で夜遅く歩き回るのは危険だと信じているとすれば、シカゴもきっとそうだと考えるでしょう。それを当然のこととして受けとめているからです。こういった信条が正常なものであれば正常な想定に至るので、問題はありません。ただし、不健全な信条を持っている場合、想定も不健全なものになってしまいます。信条とそれに基づく想定とは、それを持つに至った理由によって正当である場合もない場合もあります。次の例を考えてみてください。

　「ドアを引っかく音がしたので、猫を中に入れようと起き上がった」。

　この場合、憶測は、引っかく音をさせるのは猫だけであり、それは中に入

CHAPTER 2
思考のメカニズム

図表 2.5 人は誰でも状況に応じて結論づけをしています。結論は無意識のまま想定していることに基づいています。

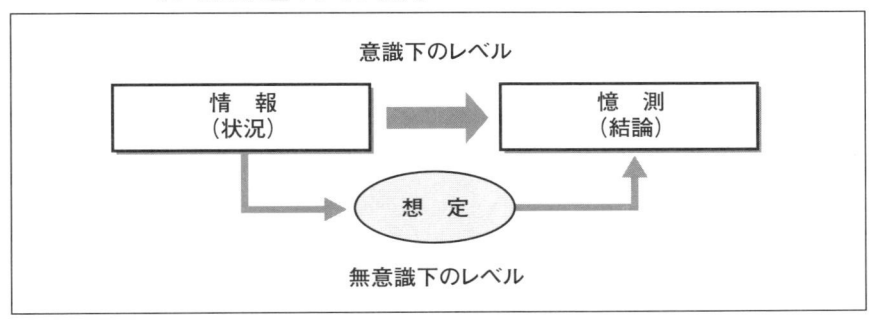

```
                    意識下のレベル
    ┌─────────┐              ┌─────────┐
    │  情 報  │  ━━━━━▶    │  憶 測  │
    │ (状況) │              │ (結論) │
    └────┬────┘              └────▲────┘
         │        ╭─────╮          │
         └──────▶│想 定│──────────┘
                  ╰─────╯
                    無意識下のレベル
```

れてほしい時だけだという想定（それまでの信条）に基づいています。

　人間は普通、想定としての信条を用いて、その想定に基づいた憶測をしています。どこにいて、自分は何者で、何が起こっているのかという意味づけをするためには、そういう憶測が必要です。想定と憶測は生活の中に染みついています。それなしでは生活することはできません。何らかの判断を下し、解釈を行い、自分の信条に基づいて結論を導き出すことになります。

　どんな状況に置かれても、人は何らかの意味づけをしようとします。状況を理解し、行動を起こすために、自然に憶測しています。訓練を受けなくても、あまりに自然にすばやく憶測ができるようになるので、自分で憶測をしているのだと気づくことすらありません。黒い雲を見れば雨が降ると考えるし、ドアが閉まれば誰かがきたと思うことでしょう。しかめ面を見れば怒っていると想像し、友人が待ち合わせに遅れれば思いやりがない人だと考えます。背の高い人を見ればバスケットボール選手にぴったりだと思うだろうし、アジア人であればきっと数学が得意に違いないと考えます。本を読めば、無数の文やパラグラフを読み取り、何を言わんとしているのか解釈しようとします。誰かが話していることを聴いても、そこから憶測を広げていきます。

　書くときも、読者がそこから何を読み取るか憶測しながら書いています。自分の言っていること、説明や例を要すること、そうでないことなどをはっ

きりとさせるために憶測しています。こういった憶測はほとんどの場合、理にかなったものですが、そうでないものもあります。

再三見てきているように、クリティカル・シンキングで大切なことは、自分の思考の中で無意識に起きていることを意識化のレベルに引き上げるということです。これには、どういった憶測をしているのかということを認識し、それを立て直す技術が必要になります。そうすることで、これまでの憶測を通して経験を形づくってきたさまざまな方法がより明らかになります。この技術を使って、自分の経験を2つのカテゴリーに分けることができます。1つは、データそのものとしての経験であり、もう1つはデータに基づく解釈、つまり経験に基づく憶測です。最終的には、憶測が、人や状況に対して抱いている視点や想定にどれほど影響されているかということを認識する必要があります。これにより、視野を広げることができ、多角的なものの見方ができるようになり、公平な考え方ができるようになります。

ある状況をそれぞれの人間が違う視点から見ているわけですから、人によって憶測することはまちまちです。データの見方も当然違います。それは、同じものを見ても違う想定を立てるということです。たとえば、溝に寝転がっている人がいて、それを2人の人間が見たとしましょう。1人は「酔っ払いだ」と考え、もう1人は「助けを必要としている人がいる」と憶測するかもしれません。この憶測の違いは、人が溝の中にいるという状況に関して違う想定に基づいたものであり、この想定はこの2人がそれぞれ持っている視点につながっているものです。最初の人は「溝に寝転がるのは酔っ払いだけだ」と想定し、次の人は「溝に寝転がるような人には助けがいる」と想定したわけです。前者は、人間は基本的に自分に起こったことは自分の責任であり自分で処理しなければならないという視点を持っているわけです。後者は、問題というのは何かやむを得ない事情で起きるものだという視点を持っています。憶測と想定という点において、この2人の理由づけは以下のようにまとめることができます。

「前者」：

CHAPTER 2
思考のメカニズム

状況：人が溝の中に横たわっている。
憶測：その人は酔っ払いである。
想定：溝に寝転がるのは酔っ払いだけだ。

「後者」：
状況：人が溝の中に横たわっている。
憶測：その人は助けを必要としている。
想定：溝に寝転がるような人は誰でも助けが必要だ。

　クリティカル・シンキングができるようになるためには、自分の憶測、その憶測に基づく想定、そして自分の持っている視点に気づくことが大切です。そしてそれができるようになるためには、練習を積み重ねる必要があります。

2.8 自分で考えてみよう

情報と憶測と想定を区別する

　考える際に、情報と憶測と想定を区別できるようになることは重要です。どんな状況に置かれても必然的に何らかの憶測をしています。自分たちの解釈に基づいてその状況から結論を導き出し意味を見出します。そしてそういった憶測は、自分たちの想定に基づいています。たとえば、
- 正午なら（昼ごはんの時間である）
- 空に雨雲がたれこめていたら（たぶん雨が降りだすだろう）
- ジャックが頭にたんこぶをつくって学校にきたとしたら（どこかで頭を打ったんだな）
- 天井の隅に蜘蛛の巣がはっていたら（蜘蛛がいるんだな）
- ジルが中学2年生だったら（たぶん13歳か14歳だろう）

そして、
- 正午で、それが昼ごはんの時間であると憶測したら何を想定したことになりますか（正午であればそれは常に昼ごはんの時間である）
- 雨雲がたれこめていてたぶん雨が降り出すだろうと憶測したら、何を想定

73

したことになりますか（雨雲があるときは普通、雨が降るものだ）
- ジャックが頭にたんこぶをつくって学校にきた時に頭を打ったんだなと憶測したら、何を想定したことになりますか（たんこぶができるのは頭を打った時だけだ）

以下のタスクでは、ある状況（情報）が設定されています。その状況で、人はどんなことを憶測するか（正しくても間違っていても）を考えてみてください。どんな信条を持っているかで憶測も変わってきます。

そして人が憶測するに至った想定を考えてください。まずはありえそうな憶測を考え（理性的であれ非理性的であれ）、その上でもとになった想定を考えます。想定というのは憶測を導き出す一般論です。最初の 2 つに例が示してあります。

情報（状況）	ありえそうな憶測	憶測を導き出した想定
1. 車椅子に乗った人に出会う		
2. 警察官が数十メートル自分の車を追ってきた		
3. 買い物をしている店先で子どもが母親の隣で泣いている		
4. ブロンドヘアの美人に出会った		
5. 図書館でカール・マルクスの著書を読んでいる男性に気がついた		
6. 自分の書いた作文が大いに修正が必要なため先生に放課後残るように言われた		
7. レストランで友人がレアのステーキを注文した		
8. 友人が妊娠していて中絶するつもりだと自分に伝えてきた		
9. 自分が勉強している時にルームメートは騒がしい音楽を聴きたがる		

CHAPTER 2
思考のメカニズム

10. 真夜中に電話がかかってきた		
11. つきあっている恋人が電話すると約束したにもかかわらず、してこない		
12. つきあっている恋人がパーティーに行くより図書館で勉強したいと言った		

　自分が常に憶測をしていること、そして何かを考える時の基盤として想定をおこなっているということに気づくことで、自分の考えをうまくコントロールできるようになります。人間にとって憶測するというのは当たり前のことなので、自分の思考をコントロールするということは、そのもとになっている憶測をコントロールできるかということであり、さらにその基盤となっている自分の中にある想定がコントロールできるかどうかということです。日常生活の中で、何か計画したり考えたりする時の方法を思い起こしてください。朝ごはんを何にするか、それを食べる時のこと、授業の用意をすること、クラスに間に合うように出かけること、自分の席に座ること、クラスで発言すること、お昼ごはんの計画、支払いの件、雑談の仕方などです。言いかえるなら、自分の行動を常に自分で理解し、それに意味を与え、自分の生活に何が起こるのかを憶測しています。

　これはつまり、あらゆる可能性の中から１つの意味づけをするということになります。たとえば、「リラックスしているのか」あるいは「時間の無駄遣いをしているのか」ということ。「固く決意している」のか「頑固になっている」だけなのか。会話に「参加している」のか「割り込んでいる」のか。自分と「一緒に」笑っているのか私に「対して」笑っているのか。友達を「手伝ってあげている」のか「利用している」のか。自分の行動をどのように理解するかによって意味が変わることになり、自分の持っている想定に基づきながら憶測をしていることになります。

　人間であれば誰でも自分自身のこと、仕事のこと、友達のこと、先生のこと、両親のこと、そのほかどんなことでも常に想定をしています。何かを当

然のこととして受けとめているのは、改めて問いかけをしていないというだけにすぎません。間違ったことでも当然のこととして受けとめている場合があります。

　たとえば、お金を持っていると思い込んで店へ入ってみると家に財布を忘れてきたとか、車にガソリンが満タンだと思っていたのにかなり減っていたとか、いい買い物だと思っていたのが、実は値上げされた直後で、もとの値段になっただけだったとか、雨は降らないだろうと思っていたのに降ったとか、そういうふうに間違った想定をしていることはよくあります。キーを回してペダルを踏めば車は発車すると思うし、他人には親切にしてあげていると思い込んでいます。

　意識するまでもなく、考えることもなく常に数限りなく想定し続けています。そのほとんどは理にかなった、まともなものです。しかし残念なことにそうでないものもあります。そこで、「自分の憶測やそれのもとになる想定、自分の視点や世界観はどうやって認識することができるのか」という疑問が湧いてきます。

　自分の憶測や想定に気づく方法はたくさんあります。1つには各教科の中で、勉強している内容について正確な想定を立て、筋道の通った憶測をする訓練があります。たとえば数学では、数学的な仮定に基づいた数学的な憶測を立てるということが必要になります。科学に取り組んでいれば、科学的仮定に基づいた科学的憶測を立てることになります。歴史的説明が必要な場合であれば、歴史的な仮定に基づいた歴史的憶測をします。どのような場合でも、それぞれの教科の基本的な概念と原理を理解することで、仮定を立てていくことになります。

　憶測や想定・仮定を認識できるようになれば、自分の立てた想定がどこまで正当かということが考えられるようになります。たとえば、お昼ごはんは全員、正午に食べるものだという想定は正しいでしょうか。雨雲がある時は常に雨が降るという想定はどうでしょう。たんこぶができるのは頭を打ちつけた時だけだという想定はどうですか。こういう日常生活のすべてのことに対して想定を立てているということ、それを認識し、疑問視してみるという

CHAPTER 2
思考のメカニズム

ことがポイントです。こういった直観を養っていけば、自分やほかの人の憶測がわかるようになってきます。何を当然と考えているかということにも気がつくようになるでしょう。そして自分の視点が自分の経験をどのようにとらえているかということもわかってきます。

2.9 自分で考えてみよう

憶測と想定を区別する練習

2.8と同じフォーマットを使って自分で5つの状況を設定し、ありえそうな憶測と、もとになった仮定について考えてみましょう。

情報（状況）	ありえそうな憶測	憶測を導き出した想定
1.		
2.		
3.		
4.		
5.		

回答例

情報（状況）	ありえそうな憶測	憶測を導き出した想定
1.コンビニの前でジベタリアンがたむろしている	因縁をつけられるかもしれない	ジベタリアンは何を考えているかわからなくて、こわい
2.きたない姿をした人が公園で寝ていた	みじめな生活をしている	
3.シングルマザー	苦労している	
4.仕事人間のサラリーマン	家庭無視	仕事中心の人は家庭を顧みない

5.友人が急に髪を切った	失恋でもしたのかなぁ	長い髪の毛を切る行為は心理的変化がある時

暗示されていることを理解する

　クリティカル・シンキングにおいて一番大切なスキルは、実際の状況がどうであるかということと、人間がそこから勝手に憶測していることとを区別できるかということです。すでに見てきたように憶測というのは結論に結びつきます。太陽が昇れば朝が来たと考えることを意味します。クリティカル・シンキングをする場合、実際の状況に基づいてのみ憶測されたものかどうか常に考えなければなりません。

　病気で医者にかかった場合、症状がどういったものかということを医者に正確に診断してほしいと望むのは当たり前です。たとえば伝染病にかかっていて抗生物質が必要な時に、「単なる風邪だから薬は必要ありません」というような診断をされては困るわけです。身体の症状は何らかの病気にかかっているということを暗示していて、それは適切な処方が必要であるということに結びつくわけです。医者は的確に病気を判断し、それに必要な処方をする必要があります。

　ほとんどの場合、私達は実際の状況が暗示することを考えられず、問題や決定事項の含みをとらえることができていません。その結果としてまずいことになってしまうのです。

　どんな状況においても3種類の暗示を思い浮かべることができるでしょう。可能性、予測、必然性の3つです。たとえば車を運転している時の可能性というのは、事故を起こすかもしれないということです。雨の中を猛スピードで飛ばせば、事故を起こすことが予測されます。高速道路を走っている時にブレーキ油がきれて、前の車が急にストップするようなことがあれば、必然的に事故を起こします。

CHAPTER 2
思考のメカニズム

　「結果（consequences）」という言葉は、ある状況で実際に起こった事柄を表すための表現としてとっておくために、ここまでその言葉を使わないできました。一言で言うと「結果」とは、実際に起こったことを意味します。可能性、予測、必然性を見極められるようになれば、よい結果を最大限に起こし、そうでない結果を最小限にとどめるための手段をとることができるようになります。一方、好ましくない結果が起こる可能性や予測は避けたいと思います。また一方で、潜在している好ましい可能性を引き出したいと考えます。状況から起こり得る結末を予想し、そこに行きつくことを目指したいと考えます。

　私達は状況が暗示する事柄を認識し、それにしたがって行動することがうまくできるように、ものごとのロジックを学んでいきます。それができるようになれば、何が起こっているのかを正確に理解でき、ある状況が暗示することに対し建設的な憶測ができるようになります。そして決定を下し行動を起こす前に、起こり得る事柄すべて（可能性、予測、必然性）について考えをめぐらせるようになります。

　具体的な状況から出てくる暗示と同じようなことが、自分が使う言葉についても言えるでしょう。言葉には意味が伴っています。実際に人と意思を伝え合おうとするとき、自分の使う言葉は常に何かを暗示しています。たとえば親が娘に向かって、自分の部屋の掃除ができていないから友達のところへ遊びに行ってはいけないと言ったとすると、遊びに行く前に部屋の掃除をすることになっているという約束を前提にして話していることになります。掃除をしなかったことの結果としてこの理屈が通るのは、次の場合においてです。
1) 部屋をいつもきれいにしておくよう事前に伝えてある
2) それができなかった場合は、しかるべき処置をとるということが説明してある

　何かを言った場合、それがいったいどういうことを暗示しているのかということをきちんと認識しておく必要があります。そして自分が暗示している

事柄に対して責任を持つということも考えておかなければなりません。自分が本当に意図することを述べ、述べたことに対し本気であるということは、人間としての人格にかかわります。

　そして言葉そのものだけではなく、その伝え方によって暗示されるものがあります。たとえば「台所をお掃除してはどうですか」と丁寧に伝えるのと、えらそうに言うのとでは、伝わるものが当然違ってきます。丁寧に伝えた場合は、ただ掃除すべきだと思っていることを伝えているだけで、それ以上の意味はありません。えらそうに言った場合は、掃除しないことをとがめ、それ相応の処置が待っているという含みがあります。

　さらに考えれば、状況や自分の言葉が持つ暗示に気づかないのと同じように、ほかの人が言った言葉に対して、言外に含まれているニュアンスをくみとれない場合があることも考えられます。ほかの人が言ったことに対して本当は何を意味しているのか、あるいはしていないのかということを憶測するのは難しいでしょう。あるいは言われた言葉以上の勝手に憶測をしたりしてしまいます。たとえば先生にレポートを書き直してくるように言われた場合、先生にはそれ以上の意味はなくても、他の生徒と比べて出来が悪いとか能力がないと言いたいのかと勝手に思うようなことが、なきにしもあらずです。

　自分の日常生活の中で暗示されることが持つ重要性を十分に認識する必要があるということです。まとめてみると、問題や疑問点について考える時、自分の下す決断によってどういったことが暗示されるかということを考える必要があります。その状況に関して暗示されることについてのみ、憶測をします。言葉を使って何かを述べる時には、そこに何が含まれるのかを常に意識します。ほかの人が話している時は、それが話し言葉であれ書き言葉であれ、論理的にどういったことを含んでいるかを読み取ろうとします。どのような場合でも、起こっていることの筋道を明らかにし、そこで本当に暗示されていることのみを憶測します。

CHAPTER 2
思考のメカニズム

2.10　　　　　　　　　　　　　　　　　　　自分で考えてみよう

決断によって暗示されることから考える

　本文で見てきたように、決断することで起こってくる次の事態や解決しようとしている問題を通して考えるというのは、クリティカル・シンキングの重要なスキルです。ここでは、解決しなければならない問題や決断を下さなければならないことについて考えてください。以下の文が続くように書き込んでみてください。

1. 自分が直面している問題、あるいは下さなければならない決断は
　　　　　　　　　　　　　　　　　　　　　　　　　　　　　　　です。
2. 可能性として考えられる解決方法、および決断は
　　　　　　　　　　　　　　　　　　　　　　　　　　　　　　　です。
3. それぞれの解決方法や、決断をし、それに基づいた行動をとった場合、論理的に暗示されることは、
　　　　　　　　　　　　　　　　　　　　　　　　　　　　　　　です。

自分の視点内で考える・それ以外の視点から考える

　「視点」を考えるのは一番難しいことです。私たちが「考えている」という時、自分の視点の範囲内である場合がほとんどです。ほかの人に彼等の視点を確認し、説明を求めたら、決まって彼等は自分たちの考えていることすべてを話し出します。自分の視点はもちろん、ほかの人の視点を確認するといった感覚を持ち合わせている人はほとんどいません。

　私たちの持っている視点のもとになる基準を見ていきましょう。時代、文化、宗教、性差、育ってきた環境、職業、親しい人たち、経済的興味、情緒、社会的役割、世代などさまざまです。たとえば以下のような視点から世界を見ることができます。

・時代（16世紀、17世紀、18世紀、19世紀……）
・文化的背景（西洋、東洋、南アメリカ、日本、トルコ、フランス……）

・宗教（仏教、キリスト教、イスラム教、ユダヤ教……）
・性差（男性、女性、同性愛者、異性愛者……）
・職業（弁護士、教師……）
・育ってきた環境（生物学的、化学的、地学的、天文学的、歴史的、社会学的、哲学的、文化人類学的、文学的、芸術的、音楽的、身体表現、詩的、医学的、看護、運動などの背景）
・親しい人たち
・経済的利益
・情緒
・世代

　個人が持っている主な視点は、こういったいろいろな面が組み合わさったものになります。しかしながらこういった要因がどこまで視点を形成することになっているかということを意識している人はほとんどいません。「これは、私がこういう視点で考えた場合のことで……」と言うような人はなく、ほとんどの場合、「これはそうなっている」という言い方をします。自分の経験を絶対視し、自分の視点は部分的なものでしかないという感覚をつい忘れがちになります。

　これは知的相対性（すべてのものは相対的で、証明されるものは何もないという自己否定的な考え）といったことではありません。ある視点から物事を見るということが、正しいことと間違っていることを見分けられなくなるということではありません。医者が患者を医学的見地から見たからといって、その診断が「相対的」・「任意」のものではないのと同じことです。

クリティカル・シンキングで物事を見る

　ほかのことと同様に、視点に関しても、一度基準を取り払ってオープンにして考えるということができます。自分の考えやほかの人の考えを考える上で、視点が多ければ多いほど、より広い視点を持って、効率よく考えること

CHAPTER 2
思考のメカニズム

ができます。

2.11 自分で考えてみよう

自分の視点を明示する練習

　以下のリストは私たちの考えの対象となるものです。この中から7項目を選んで、自分がどのように見ているのか、自分の視点から考えてください。たとえば、「人生について考えると、みんな幸せを追い求めてもがいている」とか、「自分の将来について考えると、弁護士として環境保護のための裁判にかかわっている」という考えです。自分の考えを書き出したあと、自分の視点がどのような特徴を持っているか考えてみてください。

人生	老人介護制度	宗教
男性	自分の将来の経済状態	所得税
女性	未来における教育	生涯学習
人間のいさかい	自分の将来	未来
テロ	クローン	広島・長崎
学校	国家の直面している問題	福祉
教えること	人類が直面している問題	福祉の享受者
学ぶこと	輸送システム	ドラッグの使用
数学	環境	科学
過去	老人介護	人間の価値
仲間のグループ	年金制度	中絶
政治	現代のライフスタイル	警察
権力	現代アメリカの市街	選挙
芸術	ニューエイジの考え方	菜食主義者
テレビ	人間の性	自由主義者
コンピューター	結婚	保守派
ニュース	日本の生活	革新派
ケータイ	ジベタリアン	虐待

選んだ7つの項目に関して、以下の文を完成させてください。

_____に関して、私は（私の視点から）_____
_____だと考えます。

_____に関して、私は（私の視点から）_____
_____だと考えます。

_____に関して、私は（私の視点から）_____
_____だと考えます。

_____に関して、私は（私の視点から）_____
_____だと考えます。

_____に関して、私は（私の視点から）_____
_____だと考えます。

_____に関して、私は（私の視点から）_____
_____だと考えます。

_____に関して、私は（私の視点から）_____
_____だと考えます。

クリティカル・シンキングをする人の視点

　クリティカル・シンキングをする人にとって必要なことは行動する前の指針として、その考えに至った過程をきちんと認識するということです。学習の過程にたとえて考えると、それはつまり読んだり、書いたり、話したり、聴き取ったりということがクリティカル・シンキングの上達についてまわるということです。

　たとえば何かを読む時に、そこに書いてあることは著者の考えに基づいた

CHAPTER *2*
思考のメカニズム

口頭表現であると認識します。著者の視点に入っていくよう読み進めていきます。著者の考えを自分の思考の中で認識し、築き上げていきます。自分が書く時には、読者の視点を考慮に入れて書いていきます。自分の考えをできるだけ理解してもらいやすくするために、読者の考えについて考えることになります。話すことにしても同じです。聞き手の視点や興味を引き出すように、会話を進めていきます。自分の考えを聞き手に押しつけるようなことはしません。自分の考えや信条といったものに対して、人は自分で考えなければならないということがよくわかっているからです。そのため、最終的な結末よりも経験や情報を分かち合うことを重視します。ほかの人の考えにきちんと耳を傾けます。自己の意見を主張するよりも質問を投げかけます。

考える内容によって視点が変わってくるということも認識しています。それぞれ内容に合った視点を取り入れます。数学を勉強している時なら数学的な視点で考えていきます。数学者と同じような思考ができるように学んでいきます。数学の基本的な定理や概念、過程を模索します。数学の論理の範囲で考える努力をします。同じようなことがほかの教科や内容に関しても言えます。

クリティカル・シンキングをする人たちは、自分に対してはっきりとした視点を持ちます。自分はクリティカル・シンキングを学ぶことが「できる」と確信してください。自分とは相反する視点を、自分が信じていることに対する脅威だと感じることはありません。新しい真実や理論に出くわした時にはいつでも、自分の信条は変化する対象であると考えてください。一生涯をかけて学び続ける学習者であると思ってください。

まとめ

バスケットボールやテニスやサッカーなどの初心者がスポーツの初歩から練習を始めるように、クリティカル・シンキングも思考の最も大切な基本から始めます。ほかの人の考えを正しく分析できないと、それを評価するということも不可能です。

思考の要素を分析することは、評価するためには必要ですが、それで十分というわけではありません。評価をするためには、その思考の持つ強みや欠点となる特質を浮き立たせる知的基準に関する知識が必要になります。たとえば、論理的に考える場合、明快であることは強みになり、そうでない場合は弱点になります。的確であることは強みになり、そうでないことは弱点です。こういった基準をどのようにして思考の要素に当てはめていくのかということを次の章で検証していきます。

CHAPTER 3

第3章
思考の基準

　クリティカル・シンキングの基本は、理由づけがきちんとできているかどうか判断することです。正しく判断できるようになるためには、常に自分の思考を切り離し、基準に照らし合わせて考えてみることが必要になります。**明瞭さ・的確さ・正確さ・妥当性・深さ・幅・論理性・重要性・公平さに基づいた基準**を用いてこの判断をおこないます。クリティカル・シンキングをおこなう場合、理由づけする時には、それが必ず**目的**にかなった理由づけであるということがわかっているはずです。思考のプロセスにおいて、ひとりでに目的が定まってきますが、目的や目標がはっきりしていると、理路整然と理由づけすることができます。同じように、きちんとした理由づけをする場合、それが意識的であれ無意識であれ、情報に基づいて思考しているとわかっている必要があります。そして、その情報が的確なものであると確信できる場合にのみ、きちんと理由づけをおこなうことができます。

　別の言い方をすれば、理由づけの評価をする時には、どれだけきちんと理由づけができているのかということを知りたいわけです。遊び半分や権威主義のために理由づけの要素を確認していくわけではありません。正しい理由づけができなかった場合、当然起こりうる結末を予測して、知的基準に基づき理由づけを評価し、判断するわけです。理由づけの評価をおこなう場合、最低限でも以下の知的基準を引き合いにすることが大切です。

■明瞭さ　　　　■妥当性　　　　■論理性
■的確さ　　　　■深さ　　　　　■重要性
■正確さ　　　　■幅　　　　　　■公平さ

　こういった項目は、判断基準のすべてではなく、最も基本的なものの数例です。思考の要素は基本的で、普遍性を伴ったものです。いつどこでどんな内容の、どんな理由づけをするにしても必ずついてまわるものです。何の情報も疑問も持たず、特定の視点もなく、何の想定もせずに理由づけをするということはありえません。その一方で、信憑性、予測の確実性、可能性、完璧さなど、理由づけを評価する時に必ずしも用いてはいない知的基準も数多くあります。

　クリティカル・シンキングをおこなうにあたって、自分の思考について考える時に以下のことを頭に入れておく必要があります。明瞭であるか。的確であるか。正確であるか。妥当性はあるか。論理的に考えているか。重要なことを考えているか。自分の思考は、この状況の中できちんと筋の通ったものであるか。こういった自問自答はほかの要素にも当てはめることができます。

普遍的な知的基準をさらに深める

　クリティカル・シンキングをするためには、常に自分の思考について知的基準を当てはめながら自問自答を繰り返す必要があります。そうすることで、自然と内なる声を育て、理由づけがきちんとできるようになっていきます。このセクションでは、生活のあらゆる場面に当てはまる基準や質問に焦点を当てていきます。

CHAPTER 3
思考の基準

3.1　自分で考えてみよう

不適切な判断基準とは？

　これまでに高校や大学で受講したクラスの中で、部分的にでも不適切だと考えられる基準で成績がつけられたクラスのことを思い出してみてください。それはどんなクラスで、どんな基準が使われていましたか。その結果はどうでしたか。教育の場において、適切な知的基準をもとに評価することがどんなに大切かわかりますか。自分の答えを書き出してみるか、口頭で説明してみてください。

回答例
　ある学生が試験問題の解釈を間違い、全く見当違いのことを解答しました。試験直後にそれに気づいた学生は泣き喚きました。普段からよく勉強している学生でした。その後、担当教師がその学生のテストに最高点をつけたことがほかの学生にも知れ、その教師の信用度が激減したことは言うまでもありません。

明瞭さ

明瞭さを確認する質問は以下のようなものです。
- その点について詳しく説明してくださいますか
- その点について別の言い方で表現してみてくださいますか
- 図にしてみてくださいますか
- たとえばどんなことになりますか
- 言われたことを私が言いかえてみますので、きちんと把握できていたらそう言ってくださいませんか

まず、考えや意見を明瞭にするところから始めていきます。明瞭でなければ、的確さや妥当性を考えることもできません。何を言っているのかがわからなければ何も始まりません。たとえば「教育制度に関して何ができるか」といった質問は極めてあいまいです。質問者が何を問題であると考えているのかを理解する必要があります。たとえば「生徒が自分で日常の学習をこなし、自ら行動できるようになるためには教育者は何をするべきか」というように、質問のポイントを明らかにします。そうすることで、焦点を当てて考えることができるようになります。

自分で考えてみよう　3.2

あいまいな考えをはっきりとさせる

　あいまいに考えていることをはっきりとさせることができますか。たとえば、福祉に関する討論に参加している時に、誰かが「福祉制度は破綻している」と言ったとします。これは何を意味し、どんなふうに解釈できるでしょうか。「自分で稼いでいない人にものやサービスのほどこしをするという考え方は、稼いでいる人から取っているのと同じだ」と道徳的な意味合いを持っているかもしれませんし、あるいは「福祉制度には不備が至るところにあって、制定当初に目指していた金銭やサービスとは違う」と法的な意味の主張にとることも可能です。「生活保護を受け取っている人はうまくごまかして申請をしているので捕まえられてしかるべきだ」という受給者の倫理性に関する主張として受け取ることもできます。

　思考をはっきりさせるための練習として、次の文について考えてみてください。「彼女はよい人である」これではとてもあいまいです。どのような状況においてこの文が発せられたのか、どんなふうに「彼女」が「よい」のかわかりません。この文の意味を3通りに解釈してみてください。

　次は、「彼はまぬけだ」という文です。これについても3通りの解釈を考えてみてください。

　あいまいなこととはっきりしていることの区別ができるようになれば、自分の考えていることや言っていることがいかにあいまいかわかるようになります。

CHAPTER *3*
思考の基準

> 回答例
> 彼女はよい人である。
> 解釈1：あなたは彼女のことを悪く言っているけれど、私は彼女はよい人だと思いますよ。
> 解釈2：彼女はよい人だと言ったあなたに私も同感です。
> 解釈3：彼女はよい人だと私は思います。（ほかの人のことは関係なく）

的確さ

　より的確な思考をうながすためには以下のような質問が考えられます。
・それは本当のことですか
・それが正確かどうかどうして調べることができますか
・どうしたらそれが真実だと知ることができますか

　たとえば、「ほとんどの犬の体重は13kg以上である」という記述は明瞭であっても正しくはありません。的確であるということは、事実に基づいたものであるということです。事実とは違った表現をすることがよくあります。特に利害がからんだ場合は、事実を偽って伝えたり表現したりします。広告などは、消費者に製品の欠点を知らせないようにしています。「私たちの水は純度100％です」という広告は、塩素や鉛などの化学物質が含まれていた場合、正しい表現ではありません。「これは100％全粒のパンです」という広告も、小麦が添加物を含んでいた場合は正しくありません。
　クリティカル・シンキングをするにあたって、こういう記述に細心の注意を払い、少しでも疑問が湧いた場合、それが正しい記述であるかどうか確認します。そしてどこまでその記述が正しいのかを問いただします。公の場で流れている情報のどれが正しくて、どれが間違っているのかということに関して、きちんと考えられるようになることもクリティカル・シンキングに含まれます。
　私たちはどうしても自己中心的な視点で物事を考えてしまうので、的確さ

を評価するということは難しいことです。それが自分の考えであるというだけで、無条件に正しいと信じ込み、自分と違う考えは間違っていると思い込んでしまいます。自分の信条にあった考えに対しては鵜呑みにし、自分の視点とは相反する考え方には疑問を抱きます。しかしながら、クリティカル・シンキングをするにあたっては、結果的に自分の考え方には欠陥があるという事実にぶつかることになっても、自分自身の視点やほかの人の視点を公平に評価することが必要です。

自分で考えてみよう　　　　　　　　　　　　　　　3.3, 3.4

不的確さを見極める

　はっきりしているけれど不的確な供述を挙げることができますか。日常生活において人が称賛したり批判したりする供述の中でいくらでも思い当たる例があるはずです。一般的に不的確な供述には2種類あります。自分が個人的に好ましいと思っていることに対しては、間違っていても肯定的にとらえるという供述（好ましいと思っている人に対して間違っていても肯定する）と、個人的に好ましくないと思っている人に対して誤って、否定的にとらえるという供述（嫌いな人に関しては間違って否定的にとらえる）です。政治的な供述に関しても同じような傾向が見られます。自分の最近の経験から、不的確な供述の例を考えてみてください。答えを書き出してみるか口頭で説明してください。

回答例
　仲の悪い友人が私の自転車の周りをうろついていた→いたずらされるかもしれない。
　親友が私の自転車を見ていた→使いたいのかな？　必要なら貸してあげよう。
　このように相手によってとらえ方が変わりました。

CHAPTER 3
思考の基準

事実をさぐる

　クリティカル・シンキングでは「事実である」という主張（誰かが事実だと言い張っていること）を評価できる力が大切です。*New York Times*の記事（1999年11月29日付けA面15ページ）の広告で、NPO60団体が世界貿易機関（134カ国からなる）を相手取り、秘密裏に民主的な政治的手続きと環境を犯しているとして告訴しました。この過程でNPO連合は労働者階級や貧しい人たちは過去20年間にわたる経済のグローバル化の恩恵を被ることがなかったと主張しています。彼らは以下のような申し立てをしています。

1. アメリカ企業の社長・取締役級たちは平均して労働者階級の419倍もの給料を受け取っており、この割合は増え続けている。
2. 時間給の中央値は過去10年間で10％低下した。
3. アメリカの全人口の20％が富の84.6％を占有している。
4. 世界中にいる475人の億万長者たちの全財産は、世界の人口の半数の年間収入を合計したものより多い。

　上記の事実がどこまで的確であるのかを話し合ってください。たとえば世界貿易機関のウェブサイトを見つけるのも一案です。非営利団体が非難した数字とは別の事実を提示しているかもしれません。

正確さ

　考えをより正確にするための質問は以下のようなものです。
・もう少し詳しく説明してくださいますか
・話をもう少し特定してくださいますか

　明瞭で的確な記述でも正確でないものがあります。たとえば"ジャックは太りすぎている"というだけでは、ジャックがどの程度（1kgなのか20kgなのか）太っているかということがわかりません。何かが意味しているところを聞き手がそっくりそのままきちんと理解できるように必要な細かい情報を

付け加えることが、正確さにつながります。特に付け加える情報がない場合もあります。たとえば「冷蔵庫に牛乳ある？」「うん、あるよ」というようなやりとりは、この状況では正確だと言えるでしょう（どのくらいあるかとつけたすことはできますが）。あるいは病気で医者にかかったような場合、「1日2回、1.4876946番の抗生物質を服用してください」というような言い方はしません。そこまでの正確さは普通の日常レベルでは必要ないからです。

しかしながら、よりよく考えられるようになるためには正確さが必要になることは確かです。もしお金に困っている友人が「どうしたらいいと思う？」と相談を持ちかけてきたとしたら、その友人が事態をどのようにとらえているのか詳しい話をきく必要があるでしょう。詳しいことも知らずに、アドバイスすることはできません。「一番困っていることは何なの？」「何がもとでそうなったの？」「どこから手をつけようと思っているの？」といった質問を投げかけてみることになるでしょう。

自分で考えてみよう 3.5
不完全な供述を見極める

最近出くわした状況の中で、もっと詳しい情報がいると思ったり、それがなかったために思わしくない結果になってしまったことがありましたか。たとえば誰かの家を訪問することになって、行き方を教えてもらった時にはそれでわかると思ったのに、実際に探す段になると詳しいことがわからなくて迷ってしまったというような体験です。

コンピュータや車やステレオを買うといったような、詳しい情報が重要な意味を持つ状況を考えてみてください。そしてそういう状況で、もし必要な詳しい情報がなければどんな結果になってしまうのか、ということについて考えてください。答えを書き出すか、あるいは口頭で説明してください。

CHAPTER *3*
思考の基準

> **回答例**
> 外国の田舎を訪れました。駅に着いたらタクシーに乗ろうと気楽に考えていましたが、都会と違いタクシーなど1台も見あたらず、途方にくれました。旅行パンフレットに書いてあった「タクシーで20分」とはいったい何だったのだろう。

妥当性

妥当性を見極める質問は以下のようなものです。
・その考えは質問とどう関係していますか
・それは問題にどういった影響を及ぼしていますか
・その考えは、別の考えとどう関連していますか
・あなたの質問は私たちの扱っている問題とどう関係していますか

　明瞭さ、的確さ、正確さは備えていても妥当性がないということがあります。たとえば、学生は努力の量に比例して成績が上がると思っています。しかしながら努力は学習の質には無関係で、必ずしも成績に反映されるとは限りません。直面している問題点と直結している場合にのみ、妥当性があると考えます。解決しようとしている問題に当てはまることが妥当性につながります。妥当性がないと、問題の核心から離れていってしまいます。この訓練が足りずに、関係のないことを考えてしまうということがよくあります。どういったことが問題に直接影響を及ぼすのかということが分析できないためです。これでは直面する問題を効果的に解決することができなくなります。

3.6　自分で考えてみよう
無関係な供述を見極める

　最近耳にしたことの中で、はっきりとしていて的確で正確だけれども、状況や問題や論点とは無関係だと考えたものはありますか。誰でも自分たちの

考えている問題からはずれてしまうことがありますが、そういう時には結果として好ましくない影響が出てしまう場合があるので気をつけなければなりません。

　まず、話し合いに無関係な方向に走ってしまうような状況を考えてみてください（たとえば会議中、授業中の質問に対する解答、隠された項目があったり、何らかの理由で会話をコントロールしたい日常の会話）。答えを書き出すか、口頭で説明してください。

回答例
　アメリカの大学で開講された初級日本語クラスでの出来事です。A君は日本語にとても興味を持っていてクラス外でも自主学習をよくしていました。クラスメートがひらがなを習い始めたばかりの時、A君は漢字に関する質問をしてしまい、ほかの学生のひんしゅくを買ってしまいました。アメリカでは特に、クラスは共有されている時間、という概念が強く、教師もA君に後で個人的に質問するよう伝えていました。

深さ

　考えの深さを知るためには次のような質問が考えられます。
・問題が抱える複雑性をどう処理していますか
・質問の中に含まれる問題をどのように説明していますか
・問題の中で一番重大な要因をどのように処理していますか

　問題の表面的な部分だけではなく、そこにどんな複雑な問題が隠されているのかということがわかって、初めて込み入った問題を深く、知的に考えることができます。熟考の末、込み入った事情が把握できたとしても、どう処理していいかわからないということもあります。それでも、個々の問題がど

CHAPTER 3
思考の基準

のように入り組んでいるのかを把握し、1つ1つ解決していくことで、よりよく考えられるようになっていきます。

　明瞭さ、的確さ、正確さ、妥当性を兼ね備えていたとしても、表面的でしかないということがありえます。

3.7　自分で考えてみよう

表面的なアプローチを見極める

　新聞に載っている複雑な問題の中から、明瞭で的確、正確で妥当だけれども表面的なものを挙げてください。たとえば、麻薬や犯罪といった構造的な問題に関して、法律はバンドエイド的なアプローチしかとっていません。
1. 論点における問題をはっきり述べてください。
2. その記事では、問題をどのように扱い、そのアプローチがなぜ表面的なものでしかないのか述べてください。
3. 論点の複雑な背景に焦点を絞り、問題がどのように扱われるべきか述べてください。

回答例
1. 女性専用車両導入に関して女性の8割、男性7割が賛成していることを報じる記事。問題の論点がすりかえられている。
2. 痴漢対策であれば女性専用車両導入は問題の根本的解決にはならない。
3. まずなぜ痴漢行為が多発するのか原因を究明する。公共でのマナー、女性差別の問題、酔客対策などからの視点が必要である。

幅

　より広い範囲で考えられるようになるためには、次のような質問が考えら

れます。
・別の視点を考えてみる必要がありますか
・保守的な見方をすれば、どのように考えられるでしょう
・〜の視点から考えるとどうなるでしょうか

　明瞭で的確、正確で妥当性も深さも備えていたとしても、幅に欠けるということがあります。保守的か革新的かどちらか一方からの視点からしか物事を見ていないという場合がそうです。
　妥当だと考えられる視点すべてから問題を考えることが、幅につながります。多くの人はあらゆる視点が可能であっても、いろいろと視点を変えて考えてみるということをせずに近視眼的な、限られた範囲でしか物事を見ようとしません。新しい視点や相反する視点を取り入れてみようということもありません。
　通り一遍（limited）の教育や社会的評価、生まれ持った利己主義、自己欺瞞、知的な思い上がりのおかげで、ほとんどの人間は狭い心の持ち主になってしまっています。自分の考えと相反する視点は自分にとって脅威になります。違う視点は無視してしまう方が気が楽です。自分と違う視点を考えてみるということは、つまるところ自分の視点を目の当たりにすることにつながるからです。
　たとえば、大学の寮で一緒に住んでいるルームメートがいつもうるさい音楽をかけているとします。ここでの問題点は「寮の部屋でルームメートがいる時にうるさい音楽をかけてもいいのか」ということになります。ルームメートの考え方もあなたの視点もこの問題に関してはどちらも妥当です。ここでそのルームメートが、あなたの視点が妥当であると考え、知的に共感を持つことができ、あなたの考えを理解できた時初めて、そのルームメートは自分がうるさい音楽で迷惑をかけていて、それは思いやりにかける不適切な行動であると考えることができるわけです。好きでもない音楽を無理やり聞かされる気持ちを想像するに至るわけです。もしあなたの持っている視点を考えるということができなければ、そのルームメートは自分で自分の行動を変

CHAPTER 3
思考の基準

えることはできません。人間は自分のしたいことがある時には、自分とは違う視点を無意識のうちに拒絶した行動をとるというふうにできています。

3.8 自分で考えてみよう

広い幅で考える

「中絶は道徳的に許されるか？」という問題を考えてください。この考えに対しては賛否両論があります。そこで双方の視点を詳しく説明してください。自分の個人的な見解は別にして、客観的にそれぞれの立場からの主張を明らかにしてください。それぞれの立場の人が的確であると判断するように論点を述べてください。明瞭で的確、正確で妥当性があり、深く考えて筋道の通った説明をしてください。自分の個人的な意見を挟まないでください。

論理性

論理性を高めるための質問は次のようなものです。
・論理的にすべて説明がつきますか
・納得いきますか
・先に述べた事とつじつまが合いますか
・証拠はありますか
・先ほどおっしゃったことと、今の説明とがかみ合いません

何かを考えている時には、それぞれの考えに何らかの順序があります。それらがすべて意味を成し、うまくかみ合っていれば論理的な考えであると言えます。ところが、一貫性がなく、矛盾をはらんでいたりすれば、それは論理性に欠ける考えです。多くの場合、自分自身では気づいていなくても互いに矛盾する考えになってしまっていて、日常生活において行動と考えが一貫していないことがあります。

たとえば、生徒のテストの成績を見て、学習の基本となる読み書き能力や数学、科学、歴史の知識が足りないということを判断したとします。その証拠があるにもかかわらず、教え方には問題がないとして、生徒の学習能力を高めるために指導方法を変えてみるようなこともせず、あきらめてしまう先生が少なからずいます。これは論理性に欠ける考え方です。事実が結論に結びついていないからです。

　別の例では、心臓発作を起こして医者から食事に気を配るよう言われているにもかかわらず、食生活など関係ないと勝手に判断してしまうような場合です。これも論理性に欠け、全く矛盾する行動をとっています。

自分で考えてみよう　　　　　　　　　　　　　　　　3.9

非論理的な考えを見極める

　新聞記事の中から非論理的な思考（自分に納得いかない考え）をしている記事を取り上げてください。

1. その内容を記述してください。

2. 考え方が非論理的であることを指摘し、どうしてそう考えるのかを述べてください。

3. 非論理的な考えがどのような意味合いを含むのか指摘してください。非論理的な考え方をした場合、どのような結果が考えられるでしょうか。

重要性

　ポイントをおさえた考え方をするためには、以下のような質問が考えられます。
・この問題に必要な情報の中で、一番大切なのは何ですか

CHAPTER 3
思考の基準

- この状況の中でその事実はどんな重要性を持っていますか
- どれが肝心な質問ですか
- どれが一番大切な考え・概念ですか

　問題に理由づけをする場合、その問題に一番深くかかわっている情報に焦点を当て、一番必要な考え方を取り入れることになります。それがわかっていないと、重要な考えに至ることができません。同様に、通り一遍の質問だけでは、一番大切なことをたずねることができなくなります。たとえば大学で、「教育を受けた人間というのはどういった人のことを意味するのか」「教養を身につけるにはどうしたらいいのか」といった最も大切だと思われる質問をする生徒はほとんどいなくて、「このコースでAをとるにはどうしたらいいか」「何ページのペーパーを書かないといけないか」「この先生のコースでは何をしたら単位がもらえるか」といった質問が目立ちます。

3.10　　　　　　　　　　　　　　　　　　　自分で考えてみよう

重要なポイントに焦点を当てる

　自分の毎日を振り返ってみましょう。重大なことと、そうでないことに関して、どんなふうに時間を過ごしていますか。以下の質問に対し、答えを書き出してください。

1. 人生のこの時点において、一番焦点を当てなければならない重大な目的や目標は何ですか。その目標や目的のためにどれぐらいの時間を使っていますか。

2. とるに足りないことや表面的なことの中で、自分が時間を使っていると思うのはどんなことですか（たとえば、外見をかまう、友達の印象を気にする、ケータイでのくだらないおしゃべりなど）。

3. くだらないことに使う時間を減らし、重大なことに使う時間を増やすためにはどうしたらよいと思いますか。

回答例
　『朝日新聞』11月7日付「ティーンズメール」で取り上げられた18歳の高校生からの投稿です。
　私は、高校に入ってPHS（ピッチ）を買ってもらいましたが、必要な時以外、メールなんて使いませんでした。電車の中で絶えずメールを打ち続ける人、授業中わざわざ隠して隣のクラスの子とメールしている人を見ては、『なんでそこまで依存するんだろう』と疑問に思いあきれていました。なのに最近メールがしたくてたまらないんです。…中略…
　大学受験に向けて専念しなければならないこの時間に勉強にも集中できず、すぐに飽きてついピッチを手に取っています。これって、もしかしてメール依存症？

公平さ

　公平な考え方をするためには以下のような質問が考えられます。
・証拠に照らし合わせて自分の考えは正当なものか
・ほかの人が同じ状況で引き合いに出してくるような重要な根拠をもとに考えているか
・自分の想定は正当なものか
・自分の行動を振り返ってみて、その目的が公平であるか
・自分の問題の扱い方は公平か、自分の利害関係のせいでほかの見方ができなくなってしまっていないか
・公平な考え方ができているか、意図的に誰かの考えを変えようとするような（その結果自分の思い通りにするような）考え方をしていないか

　問題を考える場合、自分の考えが正当かどうか確認します。その状況の中で公平に考えられているかどうかを考えます。道理にかなった考え方をするということです。人間は自己欺瞞に陥った考え方をすることが多いので、これまで見てきたほかの知的基準と同様、公平さを考えることが必要になります。たとえば、本当はほかにもっと大切で適切な情報があるにもかかわらず、自分の視点を変えたくないために自分の考えは正当で公平であると思い込もうとしたり、人の考えをわざと変えようとして不公平な考え方をしたりしま

CHAPTER 3
思考の基準

す。ほかの人が被害を受けるとわかっていても、自分の欲しいものを手に入れるためには不当な手段で目的をかなえたり、事実に反することでも、無理に仮定して勝手な憶測をしたりしてしまいます。

　事実を無視したがために不公平な考え方に陥ってしまった例を見てみましょう。たとえばクリスティとアビーがルームメートだったとしましょう。クリスティは寒がりやでアビーは暑がりやだったとします。冬になるとアビーは部屋の窓を開けたがり、クリスティは閉めておきたがります。アビーは「窓が閉めっぱなしだと不快だ」と文句を言います。アビーが判断を下している基準は自分だけの考え方です。自分は暑いと勉強できないし、もしクリスティが寒ければセーターを着込めばいいと思い込んでいます。アビーのこの考え方は公平ではありません。クリスティがどう考えているかということを考えることもなく、クリスティの視点を無視しているからです。もしクリスティの意見を考慮すれば、自分が我慢すべきことが出てくるからです。アビーはもっと公平な考え方をする必要があります。

　不当に考え方を操作するという場合もあります。たとえば、ジョンとジェイという2人の男性がいたとしましょう。ジョンはジェイのプレーヤーを借りて旅行に出たいと思っています。ジョンはジェイと行動を共にすることが多くなり、ジェイを自分の友達だと言ってほかの友人に紹介するようになります。ジェイは自分のことをジョンの友達だと意識するようになり、頼まれたプレーヤーを貸してしまいました。ジョンがプレーヤーを返してくれないのでジェイが問いただすと、ジョンはなくしたと嘘をつきます。ジョンは始めから返すつもりなどなく、ジェイを本当の友達だと思ったこともありません。「友達」という言葉を便利に使い、「友達」という概念を利用して欲しいものを手に入れたわけです。

　何らかの結論を導き出す場合、その結論に至った過程がその状況において正当なものかどうか確認する必要があります。あらゆる偏見やステレオタイプはすべて不正なものです。たとえば、以下のように思い込んでいる人たちがたくさんいます。

・老人はセックスに興味がない
・若い男性はセックスにしか興味がない
・スポーツ選手はかっこいいものだ
・ブロンドヘアの人はおばかさんである
・チアーリーダーは頭が空っぽだ
・知識人はオタクっぽい
・勉強はつまらないものだ
・学校で習うことは人生とは何の関係もない

　こういった思い込みは基本的かつ決定的な間違いを私たちの考えにもたらし、状況や人々に対して偏見を抱かせ、その結果、誤った憶測や結論に至ってしまうことになります。たとえば知識人はみんなオタクだと思っていたとすれば、そういう人たちに出会うたびにオタクだと決めつけ、それが正しくない行動に結びついてしまいます。

　正当性や公平さは非常に大切な基準で、自分の目的をかなえるために（あるいはほかの人たちが利己的な目的をかなえるために）いかに自分の考え方をゆがめているかということを証明して見せてくれます。

自分で考えてみよう　　　　　　　　　　　　3.11, 3.12

正当かどうか想定を分析する

　2.9でつくったリストを見直してください。そこで書き込んだ想定について、その状況において正当なものかどうか考えてください。正当なものでないと判断したなら、再考し、正当だと考える想定を考えてください。

知的基準を日常生活に生かす

　話題になっているトピック（たとえば出会い系サイト）についてグループで討論し、それを録音してください。そのあと、2〜3ずつ意見を区切って聴いてみます。議論が進むに沿って、どの基準に合っているか、あるいは相

CHAPTER 3
思考の基準

反しているかを述べてください。普段考えていることがいかにあいまいかということがわかるでしょう。知的基準と相反していると指摘されても、人がいかに自分の立場に固執するかということがわかりましたか。こういった事実は何を意味しているのでしょうか。

理由づけの要素と知的基準を結びつける

　自分の考えの欠陥を見つけ出すために、これまで理由づけの要素とその要素を個々に分けて考える大切さを見てきました。また、考えを評価する手段として知的基準についても考えてきました。次にこの知的基準が理由づけの要素を評価するのにどう使われるかということを検証していきます。

目的、目標、結末を視野に入れる

　理由づけをするということは、必ず何らかの結末や目的に達する、あるいは必要性を満たすということにつながっています。私たちが理由づけをする時に問題になるのは、目的や目標、結末が間違っていないかどうかということです。仮に目的が非現実的、他の目的と矛盾している、はっきりしないということであれば、その目的に到達するための理由づけも、結果としてうまくいかなくなります。

　クリティカル・シンキングの力をつけていくためには、どんな状況においても目的をはっきりと定めるという習慣を身につけることが大切です。目的がはっきりしていないと、そこに行きつくということはできません。たとえば大学に入った目的が、学位をとって高収入の職業に就くことだとしましょう。常にそのために学業に励んでいれば、その目的をかなえる可能性は高くなります。しかし、ほかの事に気をとられて目標を見失うようであれば、目標を達成することはできません。

図表 3.1 知的基準の中には鋭い質問をするということも含まれます。常に以下のような質問を問い続けていくことがクリティカル・シンキングにつながります。

明瞭さ	論理性
もう少し詳しく説明してくださいますか。何を意味しているか説明してください。例を挙げていただけますか。	全体としてつながりがありますか。最初と最後のパラグラフは関連していますか。根拠に基づいた発言ですか。

的確さ	重要性
どのようにして調べられますか。それが本当だと知る方法は？どうやって確認できますか。	それは最重要問題ですかそれは焦点となる考えですか。どれが一番大切な事実ですか。

正確さ	幅
もう少し特定できますか。詳しく述べてくださいますか。もう少し厳密に言うと？	別の視点に立つ必要がありますか。別の考え方をするとどうなるでしょう。

深さ	公平さ
問題が行き詰まっている理由は？どんな点が複雑になっていますか。処理しないといけない問題は何ですか。	この状況にあった公平な考えでしょうか。根拠に基づいて想定をしていますか。この状況において公平な目的ですか。学んだ概念をきちんと使用していますか。自分の欲しいものを手に入れるために勝手にゆがめていませんか。

妥当性	
問題とどのような関連性がありますか。問題にどのような影響がありますか。問題解決にどのように役立ちますか。	

　自分の知性を高めたいと思っているのであれば、大学でとっているコースの目的が何であるかということに関して疑問を持ってみてください。たとえば、エッセイやリサーチ・プロジェクト、クラスでの発表やディスカッションの目的について、きちんと把握できているでしょうか。自分の目標は何で

CHAPTER 3
思考の基準

図表 3.2 クリティカル・シンキングでは常に理由づけの要素に知的基準を当てはめます。

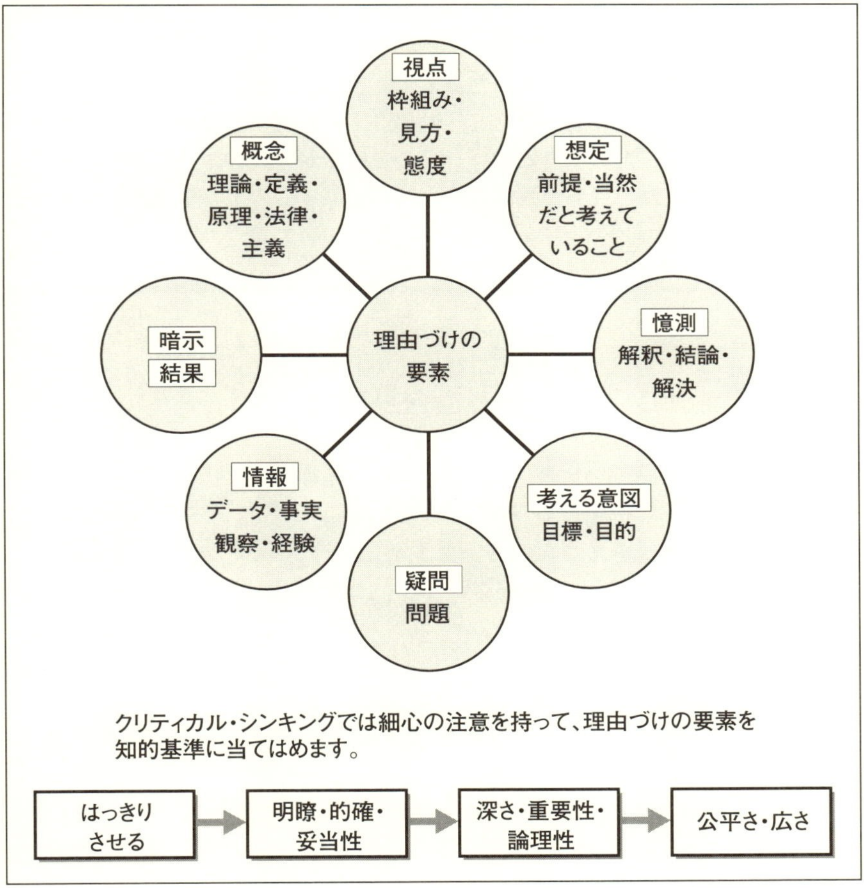

```
                    視点
                  枠組み・
                   見方・
                    態度
        概念                    想定
      理論・定義・              前提・当然
      原理・法律・              だと考えて
        主義                    いること

                                        憶測
        暗示        理由づけの          解釈・結論・
        結果          要素               解決

        情報                    考える意図
      データ・事実              目標・目的
      観察・経験
                    疑問
                    問題
```

クリティカル・シンキングでは細心の注意を持って、理由づけの要素を
知的基準に当てはめます。

[はっきり] → [明瞭・的確・] → [深さ・重要性・] → [公平さ・広さ]
[させる]   [妥当性]   [論理性]

あるかわかっていますか。その目標はどの程度重要なものでしょうか。現実的で、正当で、達成が可能なものですか。矛盾した目標を持ってはいないでしょうか。

自分で考えてみよう 3.13

自分の目的に知的基準を用いる

　日常生活上の重大な問題を考えてみてください。勤務先や大学やその他の状況での私的なことでかまいません。次に、その状況における自分の目的をはっきりと正確に描写してください。そこで自分が達成しようとしているのはどんなことですか。自分の目的は公平で、正当なものでしょうか。現実的ですか。クラスメートに説明してみてください。

解決すべき論点や問題に対する質問

　理由づけをするときには必ず、少なくとも1つは解決しなければならないことや問題点・疑問点があるはずです。そこで、論点に関する質問を軸にして、理由づけの評価をおこなっていきます。

　よく考えられるようになるということは、問題点をその目的にあった方法で明確にできるようになるということです。自分の考えている問題が重要かどうか、答えがあるのか、解決するのに必要なことが何かわかっているかということについて自分で答えを引き出すということが必要になります。

　手始めに自分のとっているコースで大切だと思う質問は何かということを考えていきましょう。（この講義、この章、このディスカッションの）論点で一番基本になる質問は何か。問題の核心は何なのか。自分の質問は簡単なのか複雑なのか。複雑であるとすれば、なぜそうなのか。（この講義、この章、このディスカッションに）関係する質問をしているか。自分の質問以外にもほかに大切な疑問点があるだろうか。

CHAPTER *3*
思考の基準

3.14 　　　　　　　　　　　　　　　　　　　　自分で考えてみよう
論点の疑問に対し、知的基準を用いる

　3.13で考えた問題をさらに考えていきます。自分が言おうとしている問題を述べてください。そしてその問題点から生じてくる質問を明確かつ正確に述べてください。その問題点には複雑な背景が隠されているでしょうか。その問題点をきちんと論証するためにはさらに質問を進めていく必要がありますか。クラスメートに説明してみてください。

視点・枠組み

　理由づけをする時は必ず何らかの視点から、何か参照するものを枠組みとして理由づけをおこなっています。その視点や枠組みに誤りがあれば、理由づけにも問題が出てくる可能性があります。

　視野が狭かったり、情報が間違っていたり、紛らわしかったり、矛盾していたり、偏っていたりする場合があります。クリティカル・シンキングをおこなう場合には、公平に、反対の視点からも物事を考える必要があります。柔軟性があり、正当ではっきりとした、一貫性のある広い視野を持つことが大切です。すなわち自分とは別の視点から考えることができるということです。まずは自分のとっているクラスについてその視点を考える力をつけるような質問をしてみてください。たとえば、どういう視点からこの問題を見ているのか。自分の視点にのみとらわれていて、ほかの観点から見るということができなくなっているのではないか。この問題に関していろいろな角度から理由づけをする必要があるのではないか。著者の視点は何か。この分野はどういった参考文献で構成されているのか。違った視点の中にさらに違う見方が含まれていないかどうか、という質問を自分自身に問いかけてみてください。

自分で考えてみよう　3.15

視点に対し、知的基準を用いる

　3.14で考えた問題をさらに考えていきます。身近にある問題を見る視点や立場を述べてください。それぞれの視点を明確かつ正確に述べてください。妥当だと考えられる視点を可能な限りすべて挙げ、それらの視点を正確に描写してください（個人的には同意していない視点も含みます）。

情報・データ・経験

　理由づけをする時は必ず、その理由づけに関係して何らかの現象が現れるものです。その現象に「欠陥」が見つかったとすれば、もとになった経験やデータ、論証や素材そのものに問題が隠されている可能性があります。

　理由づけの能力は、正確で偏りのないデータを集め、それが論拠として挙げられたかどうかで決まります。レポートを書く時であれ、クラスのディスカッションであれ、個人的な問題であれ、理由づけをする時は結論を導くに至った情報について正しく評価する必要があります。理由づけのもとになった情報が妥当なものか、自分の目的にかなったものかどうかをきちんと評価しなければなりません。その情報を常に同じように取り入れているか、自分に都合のいいように解釈していないかということを、考えなければいけません。

　自分のクラスで使われている情報に関して考える力をつけるような質問をしてみてください。たとえば、この問題に関して理由づけをするのに一番大切な情報は何か。ほかに必要な情報はないか。自分の使った情報が正しいかどうかをどうやって判断するか。自分の使った情報がすべて妥当であるかどうやって確認するか、というようなことです。

CHAPTER 3
思考の基準

3.16 自分で考えてみよう

自分の論証のもとになる情報に対し、知的基準を用いる

引き続き、上記で考えた問題について考えます。自分の考えのもとになった情報を述べてください。データや事実、自分の経験などが自分がした想定と一緒になってある考えに至ったとします。経験や誰かの言ったこと、リサーチの結果、あるいはメディアを通して得た情報かもしれません。その情報をはっきりと述べてください。その情報が今考えている問題に対し的確で妥当なものであると、どのようにして判断することができるでしょうか。

概念・理論・考え方

理由づけは常に何らかの考え方や概念に基づいておこなわれるものです。概念の中には、理論、主義、原則などが含まれ、理由づけの結果として暗に現れてきます。理由づけの概念や考え方が間違っていれば、理由づけそのものにも問題が出てきます。

クリティカル・シンキングができるようになるためには、自分の概念について深く考えることから始めてください。自分の持つ概念に対してどこまではっきりと把握できているか、それは自分が今抱えている問題を考えるのに妥当なものか、自分の主義は偏ったものでないかと自問自答してみてください。自分の概念をどのようにあてはめるか、どういった概念が大切なのか、概念がほかの情報とどう組み込まれているのかということを考えてみてください。

自分のクラスの中で概念の重要さを考えるような質問をしてみてください。たとえば、私がよりよく生きるためにこのクラスで学ぶべき最も基本的な概念は何か。クラスの中でこの概念は他の重要な概念とどのように関連しているか。このクラスで一番大切な理論は何か。このクラスで大切な概念をきちんと把握しているか。先生の説明する概念について理解するためにはど

ういった質問をすればいいか、などです。

自分で考えてみよう 3.17

自分の持つ概念に対し、知的基準を用いる

上記のタスクを引き続いて考えます。自分の理由づけの裏づけとなった一番重要な概念を述べてください。たとえば自分の関心がシェイプアップであり、同時に勉強する時間を確保することや、恋人との付き合いを大切にすることにあれば、重要な概念はフィットネス、質の高い学習、そしてよい人間関係ということになります（理由づけのもとになるこういった重要な概念は自分自身に質問や目的を問いかけることで見つけることができます）。それぞれの概念を自分がどのような意味で使っているのか知るために、詳しく説明してみてください。自分の概念を明確かつ正確に述べてください。

想定

理由づけは、「当たり前のように考えていること」から始まります。この想定や前提に「欠陥」があれば、理由づけにも支障が出てきます。

理由づけを評価できる力を身につけるためには、妥当な基準に基づいて想定をして、それを表現する力が必要です。自分のした想定は明瞭かあいまいか、筋の通ったものかどうか、一貫性があるか矛盾しているかを考えます。

自分のクラスで意味のある想定ができるように質問を考えてみてください。たとえば、この分野（あるいはクラス・講義・討論・記事・実験）で当然だと見なされていることは何か。その想定は妥当なものか、問いただす必要があるかどうか。教科書の筆者が前提としていることは何か。それは妥当かどうか、というようなことです。

CHAPTER 3
思考の基準

3.18　　　　　　　　　　　　　　　　　　　　自分で考えてみよう

自分の持つ想定に対し、知的基準を用いる

さらにこれまで扱ってきた問題を考えていきましょう。理由づけする時に一番大切な想定が何であったかを述べてください。当然だと考えていたことは何でしょうか。シェイプアップに対する関心、それと同時に学習時間の確保と人づきあいについても大切にしたいと考えている想定をみてみましょう。主に想定したことは、

1. 知的な作業は人づきあいより大切である（そうではない）
2. フィットネスに関して、どんな運動をすればいいのかよくわかっている
3. （学生ローンを組むよりは）在学中にアルバイトをする時間も作らねばならない
4. すべてをこなす時間は十分にある

自分の想定を明確かつ正確に述べてください。その想定は状況に応じた正当なものであることを確認してください。

言外の含み・結果

　理由づけをすると必ず言外の意味がついてまわります。何か決定をくだすと、必然的にその結果が伴ってきます。クリティカル・シンキングをするためには言外の含みを常に理解する必要があります。どのような結果が予測できるか、自分の行動がどのような結果に結びつくのかを考えなければなりません。問題が起こる前に、それを予測することが必要になります。
　言外の含みをある程度まで予測できたとしても、常にそれ以上の意味あいが含まれていることがほとんどです。結果に関してもある程度まで予測できたとしても、それ以上の結末に結びつくことがほとんどです。ですから、理由づけをする段階で言外の含みや結果を予測する時に何か欠陥があれば、その後の問題につながっていくわけです。理由づけができるようになるという

ことは、理由づけに伴う言外の含みや結果をきちんと把握し予測できるということでもあります。

クリティカル・シンキングの力をつけるにあたって、言外の含みを考えられるような質問を問いかけてみてください。たとえば、この生物学の理論、この現象、この経済政策の持つ重大な言外の含みは何だろうか。この政治の持つ言外の含みは何か。この状況で行動を起こさないでいることは何を意味するのか。この行動はどういう結果に結びつくのか。別のやり方ではなくこのやり方でこの社会的な問題を解決する傾向にあるというのはどういった含みを持つのか。

自分で考えてみよう 3.19
理由づけの持つ暗示について考える

これまで扱ってきた問題をさらに深く考えます。自分が決断を下す時、最も重要になる結果を考えてみてください。次の文を完成させてみましょう。仮に_____することを決意したとすれば、結果として、_____ということが起こり得る。そしてそれとは違って、_____という行動をとれば、_____ということが起こり得る。

この作業では、決断を下したことで起きてくる必然と結果を重視します。決断したことで何が起こり得るかということをしっかりと考えてください。そしてさらに、以下のような決断に伴う結果を考えてみてください。(1) 結婚する、(2) 大学には進学しない、(3) 一生、自分の生まれた町で過ごす、(4) 遊び半分にドラッグに手を出す

憶測

理由づけはすべて以下のような段階を踏んでいます。これがこうだから、あれもたぶんそうだろう。あるいは、こうだからそうだ、というような考え方です。状況や何らかの事実をふまえて、それらを考え合わせた上で結論を

CHAPTER *3*
思考の基準

出します。このような考え方は憶測に基づいているわけです。憶測に欠陥があれば、理由づけにも支障をきたします。たとえば道端でダンボールを抱え、ぼろをまとい、空びんを手にして寝転がっていればぐうたらな怠け者だと思うことでしょう。この憶測は状況から判断した想定に基づいているわけです。ただし、この状況でその憶測が論理的であるということはできません。

クリティカル・シンキングをするためには、きちんとした根拠のある憶測をすることが必要になります。まず自分自身や誰かが憶測したときはそれが憶測であると認識できるようになることです。そしてたとえば、この記事において鍵となる憶測は何か。何に基づいて憶測されているか。それは正当なものか。このレポートで自分のおこなった憶測(あるいは結論づけ)は何か。それは正当なものだったか。この理論、あるいはこの問題をこの方法で解決するための憶測は何か。それは論理にかなっているか。この結末は重大な意味をなすものか。この解釈は正当なものか。こういった質問を問いただすことから始めます。

憶測を見極める力をつけるために、以下のような質問を自問自答してみてください。これ以外にも筋の通った憶測(結末、解釈)は可能だろうか。ほかにも考え得る結末には何があるだろうか。こういった点から始めて、憶測を認識し、分析できるような力を伸ばしてください。

3.20　　　　　　　　　　　　　　　　　　　　　自分で考えてみよう

自分の持つ憶測に対し、知的基準を用いる

これまで扱ってきた問題をさらに深く考えます。問題を解決する際にもとになった情報に関して憶測したこと、あるいは結論を述べてください。3.19ですでに考えたことかもしれません。疑問を通して理由づけした結果、考え得るすべての結論を持ち出した上で、最終的な結末を述べてください。それぞれの結論を明確かつ正確に述べてください。自分の使った概念や情報に基づき、意味のある憶測をしていることを確認してください。

知的基準のまとめ

　これまで述べてきたように、理由づけは8つの要素からなり、そのどれもが「欠陥」を持つ可能性があります。以下の項目は自分の理由づけをきちんと見直すためのチェックリストです。

1. 理由づけにはすべて目的がある
   - 自分の目的は何かはっきりと見定める時間をとること
   - 意味のある現実的な目的を選ぶこと
   - 自分の目的とそれに付随するような目的との差をきちんと見分けること
   - 自分の目的がその状況において公正なものであること（他人の権利を侵すようなものではないということを確認すること）
   - 自分の決めた目的からはずれていないかということを常に念頭に置いておくこと

2. 理由づけはすべて何かを理解し、疑問を解き、問題を解決するためのものである
   - 疑問点が何であるかということをはっきりと正確に理解するための時間をとること
   - 疑問点の持つ意味と範囲を明確にするため、疑問点をいくつか違った表現を使って書き表してみること
   - 疑問点をさらに詳しくいくつかの質問に分けてみること
   - どういった分野に属する疑問なのか（歴史、経済、生物学など）、それは確固たる正解が1つあるものなのか、意見を求める性質のものなのか、多角的な視野から理由づけを必要とするものなのかを見極めること
   - 疑問点の背景にある構造について考えること（自問自答を繰り返しながら深く考えていくこと）

3. 理由づけはすべて想定に基づいておこなわれる

CHAPTER 3
思考の基準

- ・根拠となる想定は何なのかをはっきりとさせ、それが正当なものかどうかを考える
- ・その想定が自分の視点をどのように形作っているかを考える

4. 理由づけは何らかの視点からおこなわれる
   - ・自分の視点はどういうものなのかをはっきりさせる
   - ・ほかにも妥当だと考えられる視点がないかどうかを考えてみる。その視野が持つ長所や短所についても考えてみる
   - ・それぞれの視点を公平に評価する

5. 理由づけはすべて何らかのデータや情報、証拠に基づいておこなわれる
   - ・自分の意見の裏づけとなる手持ちのデータの数を限ってみる
   - ・自分の意見の弁護・反証となる情報の双方を収集する
   - ・情報はすべて明快で正確、疑問点に関して妥当なものであることを確認する
   - ・十分な情報を集める
   - ・集めた情報は疑問点を考えるのに重要であると考えられる

6. 理由づけはすべて概念や考えを通して形づくられ、表現される
   - ・鍵となる概念を見つけ出す
   - ・別の概念について、別の言い方で定義できるかどうか考えてみる
   - ・その概念を細心の注意を払って正確に用いているかどうか確認する
   - ・その概念を正当な意味あいで用いる(すでに確立されている意味をゆがめてしまわない)

7. 理由づけには何らかの憶測や解釈が伴い、それによって結論を引き出し、データに意味を与えている
   - ・証拠に含まれていることだけを憶測の対象にする
   - ・憶測した事柄に一貫性があるかどうか確認する

- 憶測のもとになった想定が何であったかを確認する
- 情報に基づいて論理的に憶測できているかどうか確認する

8. 理由づけには言外の含みや結果が伴う
   - 理由づけをしたあと、論理的にどういった言外の含みや結果が生じるかを考えてみる
   - プラス面だけではなく、マイナス面での言外の含みについて考える
   - 考えられる限りの重大な結末を予測してみる

自分で考えてみよう 3.21

思考のチェックポイント

　上に挙げた8つの項目の中のチェックポイントに基づき、質問を考えてください。チェックポイントをきちんと確認できるような質問を考えてください。リストを作り、それを積極的に使うようにすると、自分の思考を上達させることができます。

　たとえば最初の項目では、「理由づけにはすべて目的がある」で、チェックポイントは「自分の目的は何かはっきりと見定める時間をとること」となっています。ここで考えられる質問は次の2つです。「私の目的というのは正確に言うと何なのか」ということと「私の目的ははっきりとしているか」ということです。

CHAPTER 3
思考の基準

図表 3.3 この表は考える目的についてまとめてあります。目的を考えるのに必要な知的基準を把握し、それに基づいて理由づけできている場合・そうでない場合の違いを理解してください。

目的（すべて理由づけには目的があります）

基本となる基準	(1)明瞭さ (2)重要性 (3)達成度 (4)一貫性 (5)正当性
よく起こる問題	(1)不明瞭 (2)重要でないこと (3)非現実的 (4)矛盾 (5)不公平
原則	きちんと理由づけするためには、目的をきちんと理解し、公平に考える必要があります。

理由づけできている場合	できていない場合	注意点
時間をかけて目的をはっきりさせる	主な目的が不明確	目的は明確か・達成しようとしていることは何か。目的をきちんと文章化できるか
関連のある目的ときちんと区別できる	あいまいで矛盾するような目的になってしまっている	どんな目的を持っているか・どんな関連性があると考えているか・違った方向で考えようとしているか・矛盾する目的をどうするか
目的が本来とはそれた方向に向かっていないか定期的に考える	最初の目的とははずれた方向に向かってしまう	自分の目的にあったレポートの計画をしているか・第3・4パラグラフはレポートの目的に沿っているか
現実的な目的・目標を持つ	非現実的な目的・目標を持つ	実際にどれだけのことを達成しようと考えているか
重要な目的・目標を持つ	とりとめもないことを重大目標のように考えてしまう	重要な点は何か・もっとほかに大切なことはないか
ほかの目的や目標と一貫性のある目的や目標を持つ	いつの間にか目的が頭から抜けてしまっている・目的が矛盾していても気づかない	1つ目標をかなえると別のことがかなえられないのではないか
定期的に目的に合うように考えを調整する	目的に合うように考えを調整することをしない	自分の主張は問題に関連しているか・目的にあった行動をとっているか
他者のことも考慮に入れ、自分にも他者にも公平な考えで目的を選ぶ	他者のニーズや願望を犠牲にして自分の欲しいものを手に入れる目的を選ぶ	自分のことしか考えていない目的ではないか・他者の権利やニーズを考えているか

図表 3.4 この表は疑問点についてまとめてあります。疑問を考えるのに必要な知的基準を把握し、それに基づいて理由づけできている場合・そうでない場合の違いを理解してください。

主要な問題に対する疑問点
（理由づけは何かを見つけ出し、疑問に答え、問題を解決しようとする試みです）

基本となる基準	(1) 明瞭さ・正確さ (2) 重要性 (3) 解答可能かどうか (4) 妥当性
よく起こる問題	(1) 不明瞭・不正確 (2) 重要でないこと (3) 解答不可能 (4) 妥当でないこと
原則	疑問に答えるためには解答可能で、答えを得るためには何が必要かということをはっきりと理解している必要があります。

理由づけできている場合	できていない場合	注意点
答えを求めている疑問点が明確である	答えを求めている疑問点が不明確である	疑問点がわかっているか・正確に述べられるか
疑問点を別の表現で言いかえることができる	疑問点をあいまいにしか表現できず、言いかえられない	疑問点をいくつか別の言い方で表現できるかどうか
疑問点を解きほぐしていくつかの質問に分ける	疑問点を解きほぐすことができない	主要な疑問点をいくつかの細かい質問に分けられるか・細かい質問は主要な疑問点にどう含まれるか
違うタイプの疑問点と区別することができる	違うタイプの疑問点との区別がつかず、間違った答えに至る	別のタイプの疑問点と混乱していないか（例：法律に関することと倫理的なこと）選択の必要な質問と判断の必要な質問を混乱していないか
重要な疑問点とそうでないものを区別できる	重要な疑問点とそうでないものを一緒にしてしまう	もっと重要な疑問点をさしおいてつまらないことに固執していないか
妥当な疑問点とそうでないものを区別できる	妥当な疑問点をそうでないものと一緒にしてしまう	主要な問題に妥当な疑問であるかどうか
疑問点に対し細心の注意を払って仮定を打ち立てる	むやみに質問を繰り返す	質問を続けているだけではないか・自分の立場は正しいと信じ込んでいないか
回答可能な疑問点とそうでないものを区別できる	回答できない質問にまで答えようとする	この質問に答えられる立場にいるか・この質問に答えるためにどんな情報が必要か

CHAPTER *3*
思考の基準

図表 3.5 この表は視点についてまとめてあります。視点を考えるのに必要な知的基準を把握し、それに基づいて理由づけできている場合・そうでない場合の違いを理解してください。

視点（理由づけはすべて何らかの視点を持っています）

基本となる基準	(1)柔軟性 (2)公平さ (3)明瞭さ (4)幅 (5)妥当性
よく起こる問題	(1)制約されている (2)偏見 (3)不明瞭 (4)狭さ (5)妥当でないこと
原則	きちんと理由づけするには、問題に妥当な視点を見極め、その視点から問題を考える必要があります。

理由づけできている場合	できていない場合	注意点
よくのぼる話題に関しては誰もがそれぞれ別の視点を持っていることを認識する	別の妥当な視点を信用しない	自分の視点を明確にしているか・反対の視点を考えたことがあるか
常に別の視点を明確にし、別の視点からも物事を考えて理解する	自分とは違う視点から問題を見ることができず、共感を持って理由づけできない	自分の視点は説明できても別の視点から問題の重要な面を考えたことがあるか
特に熱心に信じているものに対して別の視点を考えてみる	関心のないことに対しては別の視点を取り入れるが、関心を持っていることには取り入れることができない	かたよった態度である視点を述べていないか・別に妥当な視点があるのに、1つの視点からしか理由づけしていないのではないか
1つの論理しか当てはまらない問題に対して、それにあった唯一の理由づけのみを当てはめることができる	いくつもの論理が当てはまる問題と1つしか当てはまらない問題を混乱する	唯一の論理性を持つ問題かそうでないか・ほかにも妥当な視点はあるのに、1つの視点しか当てはまらないような理由づけをしていないか
どんな時にかたよったものの見方をするか認識している	自分の偏見に気づかない	偏見を持った理由づけかそうでないか・この偏見はどこから来るものか
あらゆる視点を持って幅のある見方で問題を考える	狭い表面的なものの見方で理由づけする	視野が狭くなっていないか・ほかの視点からもこの問題を考えているか

図表 3.6 この表は情報についてまとめてあります。情報を考えるのに必要な知的基準を把握し、それに基づいて理由づけできている場合・そうでない場合の違いを理解してください。

情報
（理由づけはすべてデータや情報、証拠や経験、リサーチに基づいています）

基本となる基準　(1)明瞭さ (2)妥当性 (3)公平に集められ報告されているもの (4)正確さ (5)十分である (6)矛盾なく当てはまるか

よく起こる問題　(1)不明瞭 (2)妥当でない (3)偏見 (4)正確でない (5)十分でない (6)矛盾している

原　則　理由づけはそれが基づく情報の確かさによって決まります。

理由づけできている場合	できていない場合	注意点
十分な根拠がある場合にのみ断言する	妥当な情報を考えることなく主張する	自分の主張には根拠があるか
主張の裏づけとなる情報を明確に述べ、評価することができる	理由づけのもとになった情報を明確にできず、詳細を述べることができない	明らかでない主張のもとになるような根拠があるか・情報の正確さや妥当性をチェックしたか
自分の立場とは相反する情報を積極的に探す	自分の視点を支持する情報のみを集める	反対の立場を支持する根拠を探すのに一番いいソースは何か・そこを探したか・自分の立場を支持しない情報を考慮に入れたか
妥当な情報のみにしぼり、そうでない情報は無視する	妥当な情報とそうでないものの区別にうとい	自分のデータは妥当なものか・妥当な情報を使っていないのではないか
筋の通った理由づけやデータに基づいた範囲でのみ結論を出す	データに基づいていないもので勝手に憶測する	根拠なく主張していることはないか
正確、公平に根拠を挙げる	データをでっち上げたり、正しく述べたりしない	自分の挙げたデータは適切で明確か・一貫性はあるか・自分の立場を守るためにゆがめてはいないか

CHAPTER 3
思考の基準

図表 3.7 この表は概念についてまとめてあります。概念を考えるのに必要な知的基準を把握し、それに基づいて理由づけできている場合・そうでない場合の違いを理解してください。

概念と考え
（理由づけはすべて概念や考えを通して表現され、形づくられます）

基本となる基準	（1）明瞭さ（2）妥当性（3）深さ（4）正確さ
よく起こる問題	（1）不明瞭（2）妥当でない（3）表面的（4）正確でない
原　則	理由づけはそのもとになる概念が明瞭で妥当であり、現実的で深く考えられているかどうかで決まります。

理由づけできている場合	できていない場合	注意点
自分や他者が用いている概念や考えを認識している	自分や他者が用いている概念や考えを認識していない	自分の考えにおいて主要となる概念は何か・他者の考えにおいて主要となる概念は何か
鍵となる言葉や語句の意味あいが説明ができる	鍵となる言葉や語句の意味あいが正しく説明できない	鍵となる概念の意味合いを把握しているか（例：「抜け目ない」と言う言葉は"賢い"という言葉にはない否定的なニュアンスがあるか）
言葉が一般的な使われ方をしている場合と特別な使われ方をしている場合を区別できる	一般的な使われ方とは違っている場合の区別ができない	この概念の定義はどこから来たものか（例：この概念の定義は……に基づいている） 自分の持つ定義は不当なものでないか
妥当ではない概念や考えを認識し、機能に合わせて概念や考えを使うことができる	扱っている問題に妥当ではない方法で概念を使う	「愛」という概念を正しく使っているか（例：愛というのは相手に対して何の礼儀もなく振る舞うということだと考えていないか）
深く考えた上で概念を用いる	深く考えることなく概念を用いる	この概念について深く考えたか（例：ヘルスケアという概念は患者の権利を含んでいない。ヘルスケアという概念についてさらに深く考える必要があるか）

図表 3.8　この表は想定についてまとめてあります。想定を考えるのに必要な知的基準を把握し、それに基づいて理由づけできている場合・そうでない場合の違いを理解してください。

想定
（理由づけはすべて当然だと信じていること（アサンプション）に基づいています）

基本となる基準	(1) 明瞭さ (2) 正当性 (3) 一貫性
よく起こる問題	(1) 不明瞭 (2) 不当 (3) 矛盾
原　則	理由づけはそのもとになる想定によってどれだけ根拠のあるものかが決まります。

理由づけできている場合	できていない場合	注意点
自分の基づいている想定がはっきりしている	自分のしている想定があいまいである	自分の想定が自分ではっきりとわかっているか・自分の想定が何に基づいているかきちんと理解できているか
状況や根拠に応じて筋の通った正当な想定をすることができる	矛盾した不当な想定をすることしかできない	過去のただ1度の経験に基づいて未来の想定をしていないか・当然だと思っていることはそれがなぜかをきちんと説明できるか・自分の挙げた根拠に合わせて想定を正当化できるか
互いに矛盾なく想定をしていくことができる	矛盾する想定をしてしまう	最初の主張でした想定と次のものは矛盾していないか
自分の想定していることは何かを常に把握する努力をしている	自分の想定を振り返ってみない	この状況で想定していることは何か・それは正当なものか・どうやってその想定をしたか

CHAPTER 3
思考の基準

図表 3.9 この表は含みについてまとめてあります。含みを考えるのに必要な知的基準を把握し、それに基づいて理由づけできている場合・そうでない場合の違いを理解してください。

含みと結果
（理由づけのあとには何かが起こります。何らかの含みを持ち結果につながります）

基本となる基準	(1)重要性 (2)論理性 (3)明瞭さ (4)正確さ (5)達成度
よく起こる問題	(1)ささいなこと (2)非現実的 (3)不明瞭 (4)不正確 (5)中途半端
原　則	きちんと理由づけするためには、理由づけのあとに続く結果について考える必要があります。自分の決定が何らかの結末につながることを考える必要があります。

理由づけできている場合	できていない場合	注意点
理由づけのもつ含みや結果について可能性のあるものを予測する	決断したあとの含みや結果について予測できない	自分の取ろうとしている行動が引き起こす結果について考えたか・この行動を取ればどんな結果に結びつくことが考えられるか
含みや結果についてはっきりと正確に述べることができる	含みや結果についてあいまいなままである	自分の行動が引き起こす含みや結果についてきちんと考えたか
プラス面だけではなくマイナス面からも含みや結果の可能性を考える	最初に思いついた結果だけで、両面から考えることはない	プラス面ではきちんと考えたけれども、マイナス面ではどんな含みや結果が予測できるか
予測できないような含みや結果についてプラス面、マイナス面から考える	予測していないことが起きるとうろたえる	この決断を下せば、予測できないようなことが起こる可能性はどれぐらいか・自分の力ではどうにもできないようなことが起こってしまうかどうか

図表 3.10 この表は憶測についてまとめてあります。憶測を考えるのに必要な知的基準を把握し、それに基づいて理由づけできている場合・そうでない場合の違いを理解してください。

憶測と解釈
（理由づけにはすべて憶測があり、そこから結論を導き出し、データや状況の意味づけをします）

基本となる基準	(1)明瞭さ (2)論理性 (3)正当性 (4)深み (5)つじつまが合っている (6)一貫性
よく起こる問題	(1)不明瞭 (2)非論理的 (3)不当 (4)表面的 (5)つじつまが合わない (6)矛盾
原　則	根拠のある理由づけは、根拠のある憶測（あるいは根拠に基づいた結論）につながります。

理由づけできている場合	できていない場合	注意点
自分の憶測がはっきりとわかっていて明確に述べることができる	自分の憶測に対してあいまいで、明確に述べることができない	自分の憶測をしっかりと把握しているか・自分の結論を明確にしているかどうか
根拠や理由づけに基づいた憶測をする	根拠や理由づけに基づかない憶測をする	自分の結論は論理的に根拠や理由づけに合ったものか
表面的なものではなく深く考えた上での憶測ができる	表面的な憶測しかできない	与えられた問題に対し、自分の憶測は表面的でないか
つじつまの合った憶測や結論に結びつく	つじつまの合わない憶測や結論になる	自分の結論はつじつまが合っているか
一貫性のある憶測や結論ができる	矛盾する憶測や結論になってしまう	分析の当初に出た結論と最後に行き着いた結論に矛盾はないか
憶測に至った想定を理解している	憶測に至った想定を把握しようとしない	自分の憶測は間違った想定に基づいていないか・かりにもっと正当な違った想定に基づいていたとすればほかにどんな憶測が考えられるか

CHAPTER 4

第4章
決断する

生きることは行動することです。行動することは決断することです。決断には小さな単発的なものから生涯にかかわるような大きなものまであって、日々の生活は決断の連続と言えます。そのパターンが理性的であれば、他人の権利や幸福を侵したりすることなく、自分自身の生活の質も最大限に高めることができます。それにより幸福感、達成感、充実感を得るチャンスが最大限に高まります。クリティカル・シンキングを決断に応用することにより、考え深い決断をすることができるようになります。誰もわざと非理性的な生活をしようとは思いませんが、多くの人が意識せずに非理性的、非倫理的な生活を選んでいて、そのため不幸で不満の多い生活を余儀なくされ、自分を有利に持っていくために他人を傷つけてしまったりしています。

決断のパターンを評価する

　どうしたら自分の決断が非理性的であるとわかるのでしょうか。まず、非理性的な決断は無意識にしている場合が多いのでそれについて分析してみましょう。

　昨日いくつ決断を下したか自問してみてください。おそらく数え切れないほどだと思います。重要なのはその数ではなく、どんな決断を無意識にしているか見極め、そのパターンを評価することなのです。

　私たちは人間として基本的な要求を持っていて、その要求を満たすために選択をするのです。価値観を選択し、その価値観に応じてさらに選択をします。私たちは皆、自分の持つ基本的な価値観は幸福をもたらし、よい生活に貢献すると考えているし、誰も、たとえ独り言であっても、「自分の幸福を壊したり、自分に危害を加えたりするような価値観に沿った選択をしている」と言う人はいないでしょう。

　それから他人の幸福にもつながる選択をします。他人の幸福を覆すような選択は非倫理的であるし、自分の幸福を覆すような決断は非理性的なものです。非理性的、非倫理的な決断に共通するパターンを見てみましょう。

・自分の幸福を壊すような決断
・自分の長期的な幸福に役立つことをしようとしない決断
・他人の幸福を壊すような決断
・自分や他人の幸福に悪影響を与える人とつきあう決断

　自分にとって悪い決断をする人などいないし、上記の分類は少し変だと思うかもしれません。しかし、目先の欲や満足から次のような決断をする場合はありませんか。

・健康によくない物を食べる（寿命を縮めたり、病気を引き起こしたり、生活の質を下げるような食物）。

CHAPTER 4
決断する

・喫煙したり、飲みすぎたり、健康に害のあるドラッグを使う。
・適度な運動をしない。

　上の例を見ると、目先の楽しみや満足に心がとらわれているということが明らかです。長期的視点を持つには内省（reflection）が必要で、ピアジェが言うところの意識的認識（conscious realization）のレベルにまで自分の行動を高めなければなりません。もちろん問題を改めなくても意識することはできるでしょう。しかし長期的視点を持った行動に移るためには自立心や意思の力が必要になります。

　生活の中での非理性的な決断は悪癖と呼ばれます。それを理性的なものに置き換えることで良い習慣になるのですが、それは行動のレベルです。

　習慣は何百、何千という決断が長期にわたってなされた結果なので、悪癖に気づき、それを良い習慣に変えることによって決断を大きく改善することができます。たとえば、健康に悪いものを避け、健康的な食事をしようと決め、長期的に実行したら、結果として良い習慣が身につくのです。

「大」決断

人生には2種類の大決断が待ち構えています。
1. 多かれ少なかれ、明らかに長期的な影響を及ぼすもの（職業の選択、伴侶の選択、価値観の選択、哲学の選択、親としての選択）
2. 長期的な影響が結果として後々「明らか」になるもの（食事や運動のような日常的な習慣）

　一般的に言って「考えず」になされる決断が最も危険です。気づかないところで、評価されることもなしに私達の生活に忍び込んでくるからです。確かにすべての決断を意識することは不可能です。もしそれができれば悪癖にはならないでしょうから。

決断のロジック

決断のロジックを考えてみることは有益です。そのロジックは決断のゴールとそれに続く問いかけです。
— ゴール：人生の岐路で自分も周りの人も幸せになれる道を選ぶこと。
— 問いかけ：いろいろな代替案が考えられるが、自分の人生のこの時点で、どの選択をすれば自分や他人が一番幸せになれるだろうか。
そのための4つの鍵を挙げてみましょう。
1. 現在、自分が重要な決断に直面しているのだ、と認識すること。
2. 代替案を正確に見つけること。
3. 代替案を論理的に評価すること。
4. 最良の代替案を行動に移すために自己訓練をすること。

自分で考えてみよう　　4.1

決断する力をアップしよう

将来あるいは今、しなければならない重要な決断について考えてください（たとえば履修教科を決める時、卒業後すぐに役立つものにするか、あるいは長い目で見て質の高い生活の基礎になる教科を履修すべきか、です）。次の項目をまず、考えてみてください。

1. この決断をする主目的は _____

2. 私がこの決断をする見地は _____

3. 疑問点は _____

4. 上の疑問に答えるために私がよく考えなければならない重要な点は _____

5. 必要な情報は _____

CHAPTER 4
決断する

6. 想定は _____

7. 影響は _____

回答例
1. 私は現在大学3年生です。卒業後のよい就職口を見つけることが目的です。
2. 友人の中には3年後期に留学をする人がいますが、就職には不利である、という見地に立っています。
3. 留学は就職活動に有利なのか、不利なのか。
4. 自分が本当にしたい事は何かをよく考えること。
5. 就職情報。
6. 卒業後よい職に就くことが何よりも大切である、という前提に立っています。
7. 本当は自分にも留学の夢があるのですが、家庭の経済事情を考慮すると、すぐ就職しなければなりません。たとえ留学しなくて、懸命に就職活動をやっても無理かもしれない、と考えると不安になってきます。留学をあきらめた無念さもいまだに引きずっています。

大切な決断の必要性を認識すること

　決断に失敗する原因として、その必要性を認識できなかった結果である場合が少なくありません。意識していないため自己中心的であったり、自分の所属する社会中心的であったりします。友人や、仲間、学校の勉強、家族に関する決断、娯楽や嗜好の選択（アルコールやドラッグなど）の決断、それから個人の要求を満たす決断はあまり考えずにしてしまいがちです。「こんなこと今までにはなかった」とか「気づかなかっただけだ」とか言うのは、往々にして失敗した時の言い訳です。

代替案を正しく認識する

　決断の必要性を認識するだけではだめで、ほかにどんな案があるかも知らなければならなりません。代替案を正しく認識できなかったために失敗することがあります。(1) 非現実的なことを考えたり、(2) 考えが狭すぎて代替案が認識できなかったり、などです。

　(1) は次のような決断です。

— 「彼には大きな欠点があるが、私を愛しているし、私は彼を変えることができる。」
— 「私達の関係には問題点が多いけれど、愛し合っているし、そのことが何より大切だ。」
— 「学校の成績は悪い。でもプロ野球界で成功してみせる！」とか「歌手になる！」
— 「勉強は試験の前の一夜漬けで大丈夫！」

　(2) について言うと、自分で自分の考えが狭いとは気づかないので、直しにくいのです。実際、狭い考えを持っている人ほど広い考え方をしていると自信を持っているものです。オプションが1つか2つしか思いつかない場合はたいてい狭い考え方をしていると言えます。

　次にこれまで考えてきたことに基づいてよい決断ができるようになるプロセスを見ていくことにしましょう。

時間をかけて決断する

　時間をかけて熟考しなければよい決断はできません。行動を変えていくには現在の行動について考えなければなりません。ここで重要なのは決断を誤ったら非常に多くの時間を無駄に使ってしまうということに気づくことです。　たとえば5年も10年も経ってから、夫婦間がうまくいっていないこと

CHAPTER 4
決断する

に気づき、やっとの思いで別々に新しい道を歩み出す夫婦は珍しくありません。合わない仕事を選んだことで何年も無駄にしてしまうことはよくあります。学生は効率の悪い学習方法で時間を無駄にしてしまいます。すなわち決断する時にもっと時間をかけ、その結果、よりよい決断をすれば膨大な時間が節約できるのです。

システマチックに

習慣についてよく考えなければなりません。たとえば食習慣や運動の習慣、余暇の過ごし方、交友関係など、要求と時間についてじっくり考えなければなりません。習慣が質の高い生活全体に及ぼす影響をクリティカルに考えなければなりません。たとえばコンピュータゲームに何時間も費やしていたらどういう結果になるでしょう。ほかにしなければならない大切なことができるでしょうか。

大決心は一度に1つ

即決はよく考えずになされることが多いのです。同時に多くのことをすればするほど、また早くすればするほど、どれもまともにできないものです。スピード時代に生きている私達は直面する決断にいちいち時間をかけてはいられないかもしれません。誤った決断をした後で、「じっくり考える時間がなかったもので……」と言ったりします。しかし大抵の場合、時間はあったのだけれど、使わなかったのです。一般的に言って、決断するアプローチが丁寧であればあるほど、多方面のことを考えに入れ、時間がかかってしまいますが、よりよい決断ができます。

自分の無知を知る

私達は意思決定のほとんどについて何も知りません。無知であることを知

れば知るほど、私達の決断はより思慮深くなります。知らないことを認識し、直視することができれば、これから解決していかなければならないことを決断する道具になります。私達はよい決断をするために知るべきことを実はほとんど知らないことが多く、すでに知っていると考えてしまう、すなわち傲慢であることがまず問題だと言えます。

意思決定に大切なこと

意思決定をする時、注意すべき点が9つあります。機械的に従っていけばよいというものではありません。良い判断力と健全な思考が大前提となることを覚えておいてください。

1. 自分の究極のゴール、目的、要求は何かにもう一度立ち返ろう。決断することによって障害を克服し、ゴールに到達したり、目標を達成したり、要求を満たしたりする機会をつくるべきです。
2. 問題と決断は1つずつにしよう。できる限り明確に、詳しく状況を述べ、代替案を挙げてください。
3. 決断を明確にするため代替案を取り巻く状況を調べよう。代替案を選んだことによって引き起こされる影響を考えてください。自分でコントロールできる決断か、そうせざるを得ない決断か、見分けてください。一番重要かつ自分に最大のインパクトを持つ決断に集中する努力をしてください。
4. 必要な情報を懸命に集めよう。
5. 集めた情報を注意深く分析・解釈し、理性的な推定をしよう。
6. 行動のオプションを考えよう。短期的に何ができるか。長期的には何ができるか。予算、時間、力の限界もはっきり知っておこう。
7. 上記のオプションの長所、短所を考慮に入れ評価しよう。
8. 決断のストラテジーを選び、それに従おう。これは直接の行動を伴うかもしれないし、注意深くじっくり考え、状況をゆっくり見ながら、とい

CHAPTER 4
決断する

うストラテジー（方略）になるかもしれません。
9. 行動する時は、それがもたらす影響を観察しよう。情報が増えるに従って時にはストラテジーを改めなければならないこともあるかもしれません。ストラテジーだけでなく、分析、決断まで変わってくるかもしれません。

　ここでは最初の項目だけを詳しくみてみましょう。ほかは次の章に譲ります。

自分のゴール、目的、要求を定期的に再点検、再評価する

　私達は皆、ゴールに向かって生きています。ゴール、目標を決め、それに向かって進みます。価値観に沿って重要なことを追い求めます。要求を満足させるよう、がんばります。何もしなくてもゴールや目標に到達できたり、要求が満足されたりするなら、決断を迫られることもないでしょう。自分のゴール、目標、要求をしっかり見極めることで決断の重要性に気づくのです。クリティカル・シンキングをしない人は決断のチャンスをしばしば見逃してしまいます。たとえばある人との関係が悪い場合、離れることもせず、改善の対策もとらなければ、その問題は未解決のままであり、現状に甘んじる決断をしたことになるのです。

　クリティカル・シンキングに熟達している人は、定期的に何が追求するに値する概念か再考します。往々にして私達は誤った決断をしてしまいます。たとえば自分の幸福は大切な人の決断や生活をコントロールすることだと定義したら、自分にとっても相手にとっても、誤った決断をすることになります。

　人間は求めすぎることがよくあります——富の求めすぎ（欲張り）、権力の求めすぎ（支配）、食べ物の求めすぎ（不健康な体）、などです。また、人間は理性的ではない要求を他人にしてしまうことがよくあります——誰もが自分と同じ信条や価値観を持つと考え、同じ行動をすべきだと。さらに、つ

じつまの合わない基準を定めたりします――自分だけが満足する基準を、他人に期待したり、自分の判断基準を他人に押しつけたりすることなどです。

自分で考えてみよう 　　　　　　　　　　　　　　　　　　　　4.2

誤った意思決定で問題を生む

決断に関して次のストラテジーを考えてください。いずれも誤った意思決定です。なぜだかわかりますか。他の人と議論してください。納得いく例があれば自分の意見を述べてください。

1. 「子どものため」と虐待的な夫婦関係を続ける。
2. 現実の苦しみから逃れるためにドラッグに手を出す。
3. 鬱を紛らわすため大食する。
4. 犯罪に関する政策を強化することで、より狡猾な犯罪者を生んでしまう。
5. グループメンバー意識を高めるために喫煙する。
6. テロに関する政策を強化することはテロ集団の憎しみを増幅することにつながり、より暴力的集団にしてしまう。
7. 怒りを表すのに、ものや人を殴ったり、物を投げつけたり、大声を上げたりする。
8. 欲求不満を感じ、その後、自己嫌悪に陥る。

幼年期の決断（2-11歳）

人生の基礎になった決断を見てみることで、その過程で生じた問題点について知ることができます。たとえば、幼年期には重要な意思決定をコントロールすることはできず、たいていの場合、親がその機会を与えてくれました。しかし幼い時は長期的な視点を持つことが困難で、目先のことだけに限られ、非常に自己中心的です。親が干渉しすぎる一方で、放任しすぎる場合も多いのです。

幼少の頃は間違った行動が自分や他人に害を及ぼさないよう、自己中心的、

CHAPTER 4
決断する

所属社会中心的行動にならないよう、すぐさま修正される必要があります。しかしながら幼少であっても自分のことは自分で決め、それがもたらす影響を受け入れるようにならなければなりません。もし意思決定のチャンスが全然与えられなければ、自分の行動に責任を持つことを学ぶことができないからです。

子どもの決断は属する仲間に受け入れられるか否かの結果であることが多いことが問題です。ほとんどの子どもたちにとって若者文化——メディアや映画、音楽、英雄など——が意思決定の上で大きな役目を果たしています。自分の意思決定や行動がほかの仲間達に認められ、受け入れられるか不安で気になるのです。だから彼らの意思決定の多くは仲間に好かれ、仲間に入れてもらえるための試みを反映しています。このような意思決定は短期的、長期的問題を引き起こすことが多いです。

いずれにしろ自分で、あるいは自分のためになされた決断は人格や性格に強いインパクトを持ち、信条、態度、自己認識、世界観に影響を与えます。

4.3　　　　　　　　　　　　　　　　　　　自分で考えてみよう
子どもの決断を見きわめる

子どもの頃を思い出して、次の問いに答えてください。答えられない項目は飛ばして進んでください。

1. どの程度まで、親はあなたに決断する機会を与えてくれましたか？

2. いつの段階で自分の決断に長期的な展望を加え始めましたか？

3. 幼少期の決断はどの程度まで自己中心的でしたか？

4. 親はどの程度、決断に干渉しましたか？

5. 親はどの程度、放任でしたか？

6. 親はあなたの自己中心的、あるいは所属社会中心的な行動をどの程度制限しましたか？

7. 今でもどの程度、自分は自己中心的、所属社会中心的な決断をしていると思いますか？

8. 子どもとしてあなたはどの程度、自分のことは自分で決め、決断の結果を受け入れるようになりましたか？

9. 結果を受け入れることにより、どの程度あなたは自分の行動に責任を持つようになりましたか？

回答例
1. 幼い頃は親から何か勧められて、始めるということが多かったように思います。何でも器用にこなしたためか、親はどんどん習い事を増やしていきました。
2. 小学校高学年の頃には習い事で1週間がすべて詰まってしまいました。ある日、「こんな生活は嫌だ」、と思った瞬間、体が動かなくなり、時間がきても自分の部屋に閉じこもっていました。初めての親への反抗でした。
3. 〜9. 長時間、両親と話し合いました。最初とまどっていた両親も、私の精神状態を理解してくれ、自分の好きなようにすればよいと言ってくれ、習い事のほとんどを止めました。このことがきっかけでその後、親は過干渉を止めました。友人の中には大学生になった今でも親から精神的に独立出来ていない人が少なからずいます。今思うと、あの反抗がなかったら、現在の自分はなかったかもしれません。

思春期の決断（12−16歳）

　思春期は人生において重要な決断をする時期です。この時期には独立を求める決断をしますが、自分の決断に進んで責任をとろうとはしない場合があ

CHAPTER 4
決断する

ります。若者の中には「自分のことは自分で決める権利がある。でも結果が思わしくない時はいつでもそこから逃れることができるよう助けてほしい」という考え方をする者もいます。

　幼少の頃と同じく、思春期にある若者は長期的展望を持ちにくいと言えます。近視眼的見地で、まるで今、自分に起こっている状況が一生続くかのように一般化することがあります。それを「自己中心的即時」と言います。独立を勝ち取りたいばかりに両親や権威との権力闘争に陥ることもあります。子どもと同様、若者の意思決定は属する仲間に受け入れられるか否かの結果であることが多く、ここでもまた、若者文化──メディアや映画、音楽、英雄など──が意思決定の上で大きな役目を果たしています。彼らは不安感から、自分の意思決定や行動が仲間に認められ、受け入れられるか、気になるのです。彼らの意思決定の多くは仲間に好かれ、仲間に入れてもらえるための試みを反映しており、このような意思決定は短期的、長期的問題の基礎になることが多いのです。

　思春期の若者にとって、愛、性、包括的な世界観が重要です。しかし、それぞれは表面的に理解されていることが多く、これらの概念の基礎は若者を対象にした映画や音楽、テレビ番組であることが多いのです。

　たとえば、メディアが作り出した英雄は悪者をやっつける勝利者として現れ、善玉、悪玉の世界ではすべてが白か黒なのです。悪者は弱い善人を苦しめ、威嚇し、悪人に暴力で立ち向かう勇気を持った英雄が出て善人を救うのです。

　メディアがつくり上げた恋愛関係では、愛は典型的に自動的、非理性的、一目ぼれであり、相手の性格とは無関係です。若者のメディアには自分の精神や知識に基づいて地位を築き上げた英雄はほとんどいません。もしこの時期に形成された決断や行動パターン、習慣が幼少期、思春期だけのもので通り過ぎて行くのなら、時が過ぎ去っていくのを待てばよいのですが、そういうわけにはいきません。この重要な時期に形成された決断や習慣は一生続くことが多く、できるだけ早い時期に意識的な学びが必要です。

自分で考えてみよう　4.4

思春期の決断を評価する

思春期の頃を思い出して答えてください。

1. 思春期の頃、メディアに影響されたことがあったら、詳しく述べてください。

2. 友人に受け入れられたい、認められたいという思いが、どの程度ありましたか？　どのような決断でしたか？

3. 決断が短期的、長期的な問題の原因になりましたか？

4. 恋愛関係の決断がどの程度、若者文化に影響を受けましたか？

5. 誤った決断の結果として悪い習慣になったものがありますか？

6. 映画や音楽の歌詞で出てくる愛や友情の扱われ方が自分の愛や友情の概念にどの程度、影響を及ぼしていますか？

7. 上記の質問に答えるのが難しければ（たとえば思春期にほかから影響を受けず、独立心旺盛だったからという理由で）、ある文化の中でもそれにあまり大きな影響を受けないことについてどう思いますか？

回答例

私はつい最近までケータイを持ちませんでしたが、周りからの圧力でついに持つことにしました。でも最小限にしか使いません。顔も知らない人とはメールもしません。私がいわゆる「メル友」を持たないのはお金が無駄だと思うのと、面白そうだとは思わないからです。何か悩みがある時は家族や友人に相談します。私は親しい人に言えないようなことは「メル友」にだって言えません。かりに何か相談し、それに答えが来たとしても、本当に親身になって答えてくれているか疑ってしまいます。そう考えたら「メル友」との関係は薄っぺらな空しい関係に思えてしまいます。

CHAPTER 4
決断する

> でも本当に真剣に悩みを相談し合っている人もいるようなので、その人たちにとっては大切な存在なのかもしれません。ただ世の中にはいい人ばかりでもないので、どこの誰かもわからない人とメールをするのはこわい気がします。

まとめ

　私達の生活は決断の連続です。豊かな人生をおくるための決断が完璧にできる人はいないけれども、以下の2つの指針に沿って誰でも自分の意思決定能力を高めていけるということが本章でわかったと思います。
1. 意思決定が生活の中で果たす役割や性質をクリティカルに考えること
2. その性質や役割に照らして、決断の正当性を強めるストラテジーを体系的に取り入れること

　ストラテジーを構築する上で、以下に挙げる項目に対する意識を最大限に高めるよう、考え、行動することが大切です。
―意思決定のもとになっているパターン
―意思決定が目先の満足や短期的な目標にどの程度基づいたものであるか
―直面している「大」決心
―究極かつ主要なゴール
―代替案
―最善の代替案を行動に移すのに必要な自己訓練
―決断について熟考する十分な時間
―体系的であること
―意思決定の9つの注意点
―幼少期の意思決定に関する知識
―思春期の意思決定に関する知識
　筋の通った決断を下すためには筋の通った思考が不可欠です。決断は日々の「生活という布地」に深く織り込まれていくものなので、生活と切り離し

て、「自動的に」マスターできるものではありません。意思決定にたけている人は自分をよく理解し、クリティカル・シンキングの原理をよく理解し、自己中心性、所属社会中心性をよく認識し、知的謙虚で忍耐強く、公正です。

CHAPTER 5

第5章
問題解決

　私達の生活は決断の連続であり、次の2つの指針に沿っていけば誰でも自分の決断能力を高めていけるということを前章で強調しました。1つは決断が生活の中で果たす役割や性質をクリティカルに振り返ること、もう1つはその性質や役割に照らして私達が決断に責任を持てるようストラテジーを体系的に取り入れることです。

　意思決定で重要であったことは問題解決においても同様です。問題は決断と同じくらい私達の生活の中に深く入り込んでいます。決断のそれぞれの次元(domain)は問題解決の次元でもあります。決断は解決を難しくするか、あるいは解決に役立つか、いずれかの形で問題解決に強い影響を与えます。誤った決断は新たな問題を生み、初期に健全な意思決定がなされていたら避けられる問題が多くあります。

　前章で述べたことをここで繰り返すことはしません。この本で議論されている方法、価値観、特色がよりよい問題解決につながることをじっくり自分で確認してください。

積極的に問題を解決していく

　問題や困難の中には、放っておいても解決されていくものもあります。いらつかせるルームメートが引っ越す、風邪が治る、両親が送金してくれた、自分を傷つけた友人が謝った、予期せぬ仕事が舞い込んだなどです。

　しかし、いずれにしろ問題はひとりでに解決するわけではなく積極的に処理しなければなりません。そうしないと問題がますます悪化していきます。問題が起こる前に問題を処理し、むずかしい決断を理性的に下す積極的な問題解決者にならなくてはなりません。ハワイのことわざで「人生を食うか、人生に食われるか」というのがあります。マザーグースの中にも次のような箇所があります。

　　　　お日さまの下のどんな問題にも
　　　　解決策は1つかゼロ。
　　　　1つだったら見つかるまでおさがし。
　　　　ゼロだったら気にしないこと。

　上記の2つは積極的な問題解決、意思決定の精神を表しています。積極的な問題解決者になるには理解、洞察、それに技術が必要で、それこそ私たちが注目する要素なのです。幸いにも、この理解、洞察、技術は前章でも強調してきています。問題を解決し、決断を下す新しい思考に真剣に取り組んでください。

　まず、どのような問題に直面しているかを知ることから始めましょう。問題には2つのタイプがあります。

1. 自分自身の決断や行為が生んだ問題
2. 自分以外の力により起こった問題

それぞれを2つのグループに分けましょう。

CHAPTER 5
問題解決

a. すべてを、あるいは一部だけでも自分で解決できる問題
b. 私達の力ではどうしようもない問題

　自分が原因で生じた問題は解決のチャンスが大きいことは明らかです。自分が以前した決断を変更したり、行為を改めたりすればよいからです。

5.1　自分で考えてみよう
問題解決の見方を広げる

　過去5年間に直面した重要な問題を挙げてください。それぞれに短いコメントをし、次の質問に答えてください。
1. その問題はどの程度、自分の決断や行為の結果生じたものですか？　あるいは外部の力によって生じたものですか？
2. その問題を解決する際に、どの程度自分はパワーや問題解決力を持っていましたか？　それとも自分ではどうしようもありませんでしたか？

自分の問題解決のパターンを評価する

　問題の解決法が非理性的であることをどうして見分けることができるのでしょう。非理性的問題解決には少なくとも2つのタイプがあります。

1. 偽りの解決（問題が解決したかのように見えるが実はそうではない）
2. 他人の権利や要求を犠牲にしてできる問題解決

　どちらも自己欺瞞であり、解決がどのようなものなのかに気づいていません。でも日常生活の中でよく見られます。
　私達は皆、基本的な要求、価値観、願望を持っています。それらがなかな

か得られない時、欲求不満に陥ります。往々にして真の要求と偽りの要求、理性的な価値観や願望と非理性的な価値観や願望とを混同してしまいがちです。その結果、誤った要求を満たすことに終始し、非理性的な結論に至ってしまうのです。

偽りの問題をなくす

　誤った要求を満たしたり、非理性的な結果を得たりするような問題は解決されるというより、解消されなければなりません。その要求や非理性的な結果を取り除いて偽りの問題をなくします。

誤った要求・非理性的目標

　まず、「自分はこれを必要とするのか、あるいは望むのか？」と自問してください。子どもたちのほとんどが必要とすることと望むことを同じだと考えますが、似た考えをする大人もいます。正確に言うと実際必要でないことでも望むことがあります。

　「生きていくために食料は必要だ」と「幸せになるためにスポーツカーが必要だ」の違いは大きいと思いませんか。金持ちになりたいかもしれませんが、その必要はありません。ある人と恋がしたいかもしれませんが、その必要はありません。高い地位の職業に就きたいかもしれませんが、その必要はありません。「必要」と「願望」という言葉を注意深く使うことによってかなり多くの問題をなくすことができます。

自分で考えてみよう　　　　　　　　　　　　　　　　　　　　5.2

必要と願望を区別する

　強く「望んでいる」ことを「必要だ」と思い込んだことはありませんか？リストアップしてみてください。恋愛関係から始めてもよいでしょう。次に

CHAPTER 5
問題解決

> 自分に絶対欠かせないと考えている物質的な欲望について考えてください。もしその時必要と願望の違いをはっきり意識していたらどう行動し、感情的にどのように違う返答をしたか説明してください。

　非理性的な価値観と結果の多くは私達の生活の中に「必要」という言葉にカモフラージュされる以外でも、入っています。たとえば、官僚は問題を解決すると言うよりはむしろ規制のネットワークをつくります。このような規制の本来の働きは、官僚にとっては便利かもしれませんが、官僚制度の利用者には不便です。政治家は公共の利益より経済的に支持してくれる人達の既得権を優先するような法案を通すことがあります。

　非理性的な価値観や目標は益どころか害であり、多くの犠牲の上に、少しの利益や願望が優先されます。そのような場合、その願望を満足させることから願望そのものをなくす方へ、私達のエネルギーや努力を向けなければなりません。

　たとえば、テストのために重要なアイデアを丸暗記する学生がいます。そのアイデアが意味することは何かを学ぶために時間をとるより、丸暗記の方が簡単だからです。しかし、次に進むにはそのアイデアを必ず理解しなければならないのだから、これは非理性的です。やがて、その学生はついていけなくなり、惨めな気持ちに襲われるでしょう。このようなことは、数学や科学のクラスでよく起こる典型的な自滅行為と言えます。

5.3　自分で考えてみよう
非理性的価値観や目標を見つける

　皆さんが無意識に持っている非理性的な価値観や目標を挙げることができますか。結果的にそれがもたらした問題について議論してください。より理性的な価値観や目標を採用することにより、問題点を解消するためにどんな

行動をとればよいか、について議論してください。そう簡単ではありませんよ。難しすぎるようなら、回答の例をもとにして議論してください。

回答例

　よく友達にメールを打っていたが、最近はめっきり回数が減った。悩みを話しても、安っぽい慰めが返ってくるだけだからだ。

　励ましてくれている友人は、純粋に自分の言葉が私を救う糧になっていると信じているかもしれない。でも、私にとっては何の効力もない。小説や漫画で主人公が悩んでいる時に必ず投げかけられるような「お決まりのセリフ」としてしか受け取れないのだ。

　それは、自分が他人の悩みに関して上っ面だけの返事をしているからだと思う。「所詮、彼女の気持ちは私にはわからない。何を言ってもムダだろう。自分で何とかしなければ」。そんなことを考えて、いつも心にもないことを言って励ましてきた。

　素直に他人の意見を聞き入れられたら、と思う。でも私はもはや、自分への賛辞すら素直に受け入れられない。

　　　　　　　　　　　　（出所：『朝日新聞』2002年7月25日付、「ティーンズメール」）

「大」問題

　人生において、直視しなければならない大きな問題には以下のように2種類あります。

1. 問題の対応が私達に長期にわたって影響を及ぼすことが明らかな場合
2. 長期的影響が隠されている場合

　上記のいずれの問題も消極的に対応することは危険です。

問題解決の次元

　前章で意思決定へのステップを紹介しました。問題解決のステップもそれ

CHAPTER *5*
問題解決

によく似ています。しかし機械的に、ただ従っていけばよいというものではありません。すぐれた判断力と健康な思考が大前提となることは言うまでもありません。

1. ゴール、目標、要求について考え、常に再編成、再評価する。
　私達は皆ゴールや目標を持ち、それに向かって生きています。また、それぞれが持つ要求を満たそうとします。もし自動的にゴールや目標を達成でき、要求を満たすことができるのならば問題はないし、決断に挑むこともありません。だから、問題が起きるとすれば、以下の2つが原因になります。

1. ゴール、目的を達成したり、要求を満たそうとする時に起こってくる障害
2. そもそもゴール、目標、要求自体が間違っている場合

　まず後者から考えてみましょう。追求し達成するに値するゴールや目標をどう定義づけるか、何が必要と考えるかについて間違った認識をしていることがあります。
　クリティカル・シンキングができる人は追求するに値するものは何なのか常に立ち返ります。追求すべきではないものを追求することから問題が生まれることがよくあります。たとえば、もしあなたが「大切な人の生活や決断をコントロールできたら幸せだ」と考えたなら、その目標は双方に問題を生むでしょう。人間はとても欲張りで、過剰な富は貪欲に、権力は支配に、食物は不健康な体につながります。また、往々にして他人に自分と同じ信条、価値観、行動を要求したり、つじつまの合わない基準を設定したりします。つまり、自分が嫌なことを他人に押しつけたり、間違った判断基準で他人を判断したりするのです。

自分で考えてみよう 5.4

目標を達成するうえで障害は何か

I. 皆さんは自分のゴール、目標、要求が間違っているために引き起こっている問題を抱えてはいませんか。あれば挙げてみてください。

II. 問題を解決するのに障害になっていることは何だろうか？

1. 何が問題なのか？

2. 解決する上での障害は何か？

3. 障害を取り除いたり、弱めたりする方法はあるか？

---

2. 問題をしっかりとらえ、分析する。

　自分で気づいていない問題を解決することはできません。積極的な問題解決者になるにはまず問題をはっきりさせる必要があります。問題をあいまいな不満足のレベル、すなわち何が間違っているのかはっきりしないままにしたり、たとえ不満足であることをはっきりさせることができても根本の原因が何かわからない人もいます。問題に目をつぶったり、先延ばしにすることはよくありません。時にはなりゆきを見るストラテジーも適切かもしれませんが、めそめそしていても、ぶつぶつ言っていても、ただ座っているだけではよい解決方法は見つかりはしません。

　自分のゴール、目標、要求をはっきりさせ、それ自体が間違っていないかチェックできたら、次に自分の問題点もはっきりさせてください。問題が複雑に絡み合っていて総合的、全体的ストラテジーを必要としない限り、できることなら複数の問題を一度に取り上げるのではなく、1つずつにしてください。ここで問題点をできるだけはっきりと、正確に表現してみてください。それから、自分の問題の種類を明白にしてください。客観的にその問題をながめ、解決するために何をしなければならないかを考えてください。すべて

CHAPTER 5
問題解決

の問題をできるだけはっきり、正確に表現してください。言葉で明白に表すだけでなく、自分自身、納得のいくまで時間をかけて問題と取り組んでください。

　私たちが直面する問題は複雑でいろいろな事情が絡み合っているのでさまざまな見地や分野からのアプローチが必要です。それゆえ、直面する問題固有の思考範疇を決める力を持ち、その中でベストを尽くす必要があるのです。

　たとえばアメリカにおけるドラッグの問題を取り上げてみましょう。かりに「アメリカでのドラッグ使用を減らすためには何をすべきか？」という問いを追求するとしましょう。真剣に考えようと思えば少なくとも以下に挙げるような視点からの考察が必要です。

―文化的視点（文化的規範が原因で生じる問題ととらえる）
―社会的視点（社会的グループが原因で生じる問題ととらえる）
―心理的視点（人間は精神的に気持ちがよい、すなわち即時の満足に頼るものだ、また人間は不安や否定的な感情をうまく処理できないものだとする）
―政治的視点（アメリカの権力構造を視野に入れ、ドラッグ問題の解決の困難点を考える）

　今後、皆さんが複雑な問題に直面したら、その問題がはっきりしている時だけいろいろな観点から考え、対処にベストを尽くしてください。自分でコントロールできるものとそうでないものを分け、できないものは置き、解決の可能性があるものだけに集中してください。解決不可能な問題を心配するのは無駄であるだけでなく、あなたの生活の質をも下げてしまいます。

5.5　自分で考えてみよう

問題は何か

　日常生活の中で直面する問題をリストアップしてください。その中の個人的な問題について、なぜ未解決なのか理由を書き出してください。その理由から見えてくる自分自身について、また、問題へのアプローチの仕方につい

て考えてください。

考察：多くの人は自分の問題が何なのか分析せず、ばらばらの状態で処理しがちです。十分時間をかけて自分の問題をはっきり分析し、オプションを系統立てて評価する人はほとんどいません。

3. 必要な情報は何かを考え、積極的に情報を集める。

問題解決には必ず鍵となる情報が必要です。必要な情報は何かを考え、積極的に集めてください。適切な情報は問題の性質によって決まります。もし歴史的なものであれば歴史的な情報が必要であるし、生物学的な問題であれば生物学的な情報が、多くの学問領域にわたる問題であれば、その問題に関係するすべての領域の情報が必要です。概念的な問題であれば、少なくとも1つの概念を分析しなければなりません。倫理的問題ならば適切な倫理的原理を見つけなければなりません。もし問題が社会学的なものならば、社会学的な情報を集めなければならないのです。すなわち、積極的な問題解決者として、あなたはその問題を解決するために必要な情報を割り出すのです。

自分で考えてみよう 5.6

タイプ別に問題を理解する

前のタスク5.5でリストアップした問題をもう一度考えましょう。問題のそれぞれがどのようなタイプの問題かコメントしてください。ここでは問題の詳細には触れず、一般的な分類を考えてください。たとえば、これは経済問題だ、環境問題だ、歴史問題だ、などです。問題に適切な回答をするために、あなたがしなければならないことの特徴を述べてください。このタスクが難しすぎるようなら、そのまま先に進んでください。細かい説明と例をこの章の終わりに紹介しましょう。

CHAPTER 5
問題解決

4. 集めた情報を注意深く分析し、解釈し、評価し、どのような結果を引き出すことができるか考えてください。

　適切な情報は問題解決に欠かせませんがそれだけで十分ではありません。問題を解決するために情報を解釈し、理解し、意味づけをしなければならないのです。私達はあふれる情報に囲まれていますが信頼できないもの、偏りのあるもの、的を射ていないもの、間違ったものも多いのです。だからこそ情報は分析され評価されなければなりません。積極的な問題解決者になるには幅広いさまざまな情報を進んで集め、情報源の信頼性や適切性をチェックしなければなりません。

5.7　　　　　　　　　　　　　　　　　　自分で考えてみよう

結論を検討する

　タスク5.5や5.6で考えた問題のうち1つを取り上げて、その問題に必要な情報すべてをリストアップしてください。そして情報に基づいて、結論を導いてください。論理的な結論かどうか、情報から引き出された結論かどうか、この情報に別の解釈はあるかどうか、違う結論を導くことはできるかどうか、等を自問して下さい。

　たとえば、もし誰かが挨拶もしないで通り過ぎて行ったとしたら、あなたはこの人が怒っていると結論づけるかもしれません。しかしこれは数ある結論の1つにすぎません。ほかに考えられることは、個人的な問題で注意力が散漫になっているのかもしれないし、あなたに気づかなかっただけのことかもしれません。唯一、論理的な結論はあなたに対するその人の行為は普段と違っていたということであり、それゆえ特別な説明が必要なのです。

　日常生活の中で私達はよく証拠もないのに結論に飛びつくことがあります。情報の解釈に最大限の注意を払い、証拠がある結論だけを導くこと、それこそがクリティカル・シンキングの精神なのです。

5. 行動のオプションを考え、評価する。

　集めた情報がどういった行動をすればよいか教えてくれることもありますが、何度も何度もやり直さなければならないこともあります。ある意味でこのような考察は情報解釈のプロセスの延長上にあります。私達を行動のレベルまで引き上げるため、それは解釈以上とも言えます。

　たとえば、以前と違う行為をした友人のことをまずは観察するところから始め、最初は「ジャックは様子が変だ」と思ったのが、次は「彼はこれまでとは違って堅苦しい雰囲気だ。まるで私に不満があるみたいだ」と考えます。彼に直接聞いてみたと仮定しましょう。「ジャック、私、何か怒らせるようなことでもした？　なんだかよそよそしいけど」。ジャックは「いや、別に、何でもない」と答えるかもしれません。この時点でジャックの行為があなたにとって非常に重要であれば、次のようなオプションを考えるでしょう。

1. あなたの最初の解釈をチェックするため、もっと注意深くジャックを観察する。もしかしたら彼の行為は実際はなかったものを投影していたのかもしれない。
2. 彼に対する親近感を減らす。しばらく会わないでおく。
3. 共通の友人にどう思うか聞いてみる。
4. もう一度ジャックに聞いてみる。
5. ジャックはもう友達ではない、と考え、別れる。

　クリティカル・シンカーとして皆さんはこれらのオプションを注意深く評価してください。最初の解釈だけに飛びついては駄目です。特にあなたがジャックとの友情を大切に思うなら、状況把握が間違っていないか確かめたいと思うでしょう。行動する時は、事実に沿って、また状況次第では再解釈も進んでおこない、注意深く行動してください。

　どんな場合でも自ら進んで行動しなければ問題解決にはなりません。積極的な問題解決者は考えるだけでなく行動します。行動することは非常に重要で、行動が違えば生み出されるものも違ってきます。どんな行動をしようとも結果がついてきます。クリティカル・シンカーとして私達の行動が理性的

CHAPTER 5
問題解決

で賢明であり、納得いくものであるかよく考えてください。結果的には行動する前にオプションを何度も見直し、よく考えた末に、望ましい結果を導くようなオプションを選択するのです。以下のようにいろいろな観点から常に自問します。

・この問題は自分でどうにかできる問題か？
・短期的なオプションは何か？　長期的なオプションは？
・いろいろな行動のオプションが見えるように状況を見ているか？
・狭い見方で自分のオプションを少なくしてはいないか？
・経済的、時間的、力の限界は何か？

　どんな決断でもよい面、悪い面があるので、選んだオプションがもたらす結果についてしっかり考えてください。短期的によいと思われるオプションでも、長期的に見た時に大変悪い影響がもたらされる場合があります。しっかり考えなかったことで、自分が苦しんだり、損害を被ったり、また他人にも被らせたりします。
　決断に長期的なストラテジーを持ち続けることが積極的な問題解決者には必須です。長期的に望むことは何か。何が長期的に人生を最も意味あるものにするのか。これらは頻繁に自問すべき問いです。人間の生活によく現れる自己欺瞞に気をつけなければなりません。たとえば儀礼的な美辞麗句をならべたり、本当はより高い価値観を支持しているのに、日常生活ではそれを無視したり、反対したりすることがよくあります。

6. 問題に方略的なアプローチを取り入れ、それに従う。
　注意深く成り行きを観察するストラテジーが有効な問題もありますが、大抵はもっと直接的なストラテジーが必要になります。いったん一番良いと思うオプションを選んだら、次はどのように行動に移すか策を練らなければなりません。そのためにはストラテジーが必要です（ストラテジーについては次の章を参照してください）。

7. 行動に伴う影響をモニターする。

　行動に移したからといって問題解決が終わったわけではありません。場合によってはストラテジーを見直さなければならない時もあれば、情報が増えるにつれてストラテジーだけでなく、その分析や問題点の表現、行動をも変えなければならない場合もあります。人生は驚きの連続であり、最上のオプションだと今日思っていたものが、明日には間違い、ということもあるのです。

　クリティカル・シンキングを目指す私達は、後戻りや方向転換や考えを裏返したりすることを嫌がってはいけません。事実こそが最終決断になることを忘れてはなりません。行動に移して初めて明らかになる事実もあります。このような柔軟な思考をすることはなかなか難しいことです。なぜなら人間ははっきりしていなくても、もう十分だと判断して思考を止めてしまうからです。

問題解決の落とし穴に落ちないように

　問題解決に成功するには単に他人の敷いたルールに従っていけばよいわけではありません。間違った解決をする場合があまりにも多いので一応のガイドラインを知っておくこと、またうまくいかない思考の例を知っておくことが大切です。理性の原理と基準に敏感になることも欠かせません。問題解決の次元を見てみるといくつかの原理が特に重要であることがわかります。下線部に注目してください。

1. <u>ゴール</u>、<u>目標</u>、<u>要求</u>を割り出し、定期的に再編成します。到達すべきゴール、達成すべき目標、満たすべき要求に対する障害物として問題点が上がってきます。
2. <u>問題点</u>をはっきり定め、分析してください。できる限り、問題は一度に1つ取り扱い、正確に、明白に問題を記述してください。その問題がどんな種類の問題か考え、解決のためにしなければならないことを見つけ

CHAPTER 5
問題解決

てください。解決の可能性があり自分でコントロールできる問題だけに集中してください。
3. 必要な<u>情報</u>を割り出し積極的に探してください。
4. 集めた情報を注意深く分析し、解釈し、評価し、さらに<u>結論</u>を引き出してください。
5. 行動のオプションを考えてください。短期にできることか、長期にできることか、自分でコントロールできるか否か、経済的、時間的、力的な限界があるかを考えてください。状況の中でオプションの長所、短所を考慮し、評価してください。
6. ストラテジーを選び、それに従ってください。直接的な行動も含まれるし、じっくり状況を見守るストラテジーもあります。
7. 行動する際は、それが及ぼす<u>影響</u>も考えてください。状況次第ではストラテジーを変えることもあります。<u>情報</u>が増えるにつれてストラテジー、分析、問題の表現を変えなければならないこともあります。

　この本の107ページでクリティカル・シンキングの原則に挙げているほかの要素、<u>概念</u>、<u>想定</u>、<u>視点</u>はそれぞれ上記の1～7の中に含まれていて、効果的な問題解決には、欠かせません。まず、1.で挙げたゴール、目標、要求と概念について考えましょう。
　ゴール、目標、要求をいかに概念化するか、また異なる概念化は違う結果を生むことに細心の注意を払わなければならないことは明らかです。たとえば、大学教育は卒業後の就職のため、単位をとるためのものだと概念化したとすれば、大学の主目的は単位習得に必要なことだけをすることになり、精神の発達を追求することはなく、その目標は精神の発達にとって障害となります。
　また、ゴールや目標は私達の視点に強い影響力を与えます。もし大学教育を単に就職のための単位取得と考えるなら、大学を就職やキャリアの道具と見ているわけだし、何をどのように大学で学ぶのかにはあまり関心を払いません。しかしながら、視点を変えて、大学は理性的に考える力を広げ、人生

で遭遇する問題を解決する能力を養うところだと考えれば、大学での勉強がずいぶん変わってきます。知的能力の開発にもっと関心を払うと思います。

最後に想定です。私達のゴール、目標をどのようなフレームでとらえ、何を必要とするか決める時、自分自身や世界について当然であるとするものが想定です。それが変われば、原理すべてが変わってしまいます。大学教育を就職の手段と考える例をとれば、私達の想定は「大学に行く理由は就職に必要な単位をとること」「単位を取得するために必要なことだけする」「卒業のために、クラスでは合格に最低限必要なことをする」「いかに多くのことを大学で学ぶかは二の次」。しかし反対に「大学は人生で必要な技術や能力を開発する機会を与える所だ」という想定を持てば、ただ通過するだけというのとは随分変わってきます。

思考の原理を使って問題を分析する

思考の原理は問題を解決する時だけでなく、何を考える時でも非常に大きな役目を果たすことがわかりましたか。問題解決の次元を使えば問題をじっくり考えることができ、さらに、問題の論理を端的に、また体系的に分析できるのです。人生で問題に直面するたびにいろいろ試してみましょう。

　　私達は考える時はいつでも_目的_を持ち、_情報_を使って_想定_に基づいて、ある_結果_を導いている。また、_問題_に答えるために、ある_視点_を持ち、_概念_を使い、_結果_に至り、最後に他に与える_影響_を考える。

前にも扱った、大学在学中アルバイトをすべきかという問題を例に挙げてみます。状況設定は、両親が出してくれる経費はアパート代だけであなたは小遣いが欲しいのです。しかし働けばそれだけ勉強や付き合いの時間が減ることは明らかです。思考の原理を道具に使って、以下のように原理の５つを分析します。
1. **目的**……以下のような状況下で、在学中に働くことが正しいかどうか。

CHAPTER 5
問題解決

   a. 小遣いがほしい。
   b. 勉強する十分な時間が必要だ。
   c. これまでどおり友達付き合いの時間も確保したい。

2. **問題**……あなたが答えようとしている重要な問題は「在学中仕事をすることは正しいことか？ あるいは仕事をすることは勉強や付き合いと両立するか？」である。

3. **情報**……少なくとも3種類の情報を使う。すなわち、仕事があるかどうか、大学での義務と責任、付き合いに関するもの。
   a. 就けそうな仕事に関する情報。週に何時間か、精神的な負担（勉強に影響があるかもしれない）。
   b. 大学に関する情報。
   —クラスの準備に要する大体の時間。たとえば、火曜日と木曜日に授業があるとするとレポートの締め切りのために前もって十分な時間が必要となる。
   —授業のスケジュール。昼間働けるスケジュールか、あるいは夜の仕事を探さなければならないか。
   c. 付き合いに関する情報。頻度や時間。
   d. 優先順位は？
   —大学でよい成績をとりたいという要求や願い。
   —小遣いが欲しいという願い。
   —付き合いを続けたいという願い。

4. **概念**……何を重要な概念として位置づけるか。
   a. 小遣い——在学中に使うお金をどのくらい稼ぎたいか。
   b. 大学の教育へのコミットメント——予習にかける時間は深く学ぶために十分か、あるいは表面的なことしかできないか。自分のコミットメントをはっきりさせる。

c. 付き合い——付き合いに対して持っている自分の考え、友達と過ごしたい時間、それは昼か？　夜か？

5. 想定……あなたが当然のことと思っている信念は以下のどれか。どの想定を使っても、あなたの問題解決に大きな影響があります。
   a. 授業は欠かさず出席するので授業がある時間帯は働けない。
   b. 付き合いは必要だ。
   c. コース内容を深く学ぶことより、よい成績をとることが大切。
   d. 友人も皆働いているし、自分も働くべきだ。

まとめ：問題解決という芸術

　もし皆さんがクリティカル・シンキングができる人間になりたいと願っていたら、積極的に問題解決ができる力を養わなければなりません。そのためには逆にクリティカル・シンキングが必須であることがわかったと思います。問題解決力は簡単につけられるものではないことは明らかです。問題解決の次元は指針にはなっても、正解を見つけるためのメソッドではありません。次元が多いほど、問題は複雑で、答えが決まっていません。たとえば必要な情報を例にとると、

　問題解決には必ず鍵となる情報が必要である。解決しようとするどんな問題に関しても必要な情報は何か考え、積極的に集める。

　適切な情報は問題の性質によって決まります。もし歴史的なものであれば歴史的な情報が、生物学的な問題であれば生物学的な情報が、多くの学問領域にわたる問題であれば、その問題に関係するすべての領域の情報が必要です。概念的な問題であれば、少なくとも1つの概念を分析しなければなりませんし、倫理的問題ならば少なくとも1つは適切な倫理的原理を見つけなければなりません。もし問題が社会学的なものならば、社会学的な情報を集め

CHAPTER 5
問題解決

なければなりません。問題をうまく解決するために、問題の種類に沿ったメンタルマップをつくることから始めます。しかし、その種類は非常に多く容易なことではないので、たとえば、化学的、数学的、生物学的問題というように分野ごとの分類や、系統ごとの分類をするのです。要は、よく似た問題と比較することにより、さらに問題をよく理解できるということです。どんな問題のマップも他人任せにはできません。たとえできたとしても、それを使うには極めて個人的なものにしなければなりません。

　クリティカル・シンキングの理論は思考に関して一般的な指針を与えてはくれますが、私達に代わって考えてくれるわけではありません。理解と練習を通じて私達の経験と積極的に結びつかなければなりません。判断力を持ち、さらなる向上を目指して理論を応用しなければなりません。問題解決に成功するためには、個人個人がいつもクリティカル・シンキングの基本原理に立ち返り、質の高い思考をするために、その責任を心に留めて置かなければならないのです。効果的な問題解決は私達に原理を教えてくれますが、その原理をいかに応用するかは科学ではなく、芸術なのです。

CHAPTER 6

第6章
非理性的な傾向を克服する

人間は往々にして非理性的な行為をしてしまいます。喧嘩をしたり、戦争を始めたり、人を殺したり、自己破滅に陥ったり、報復的な行動をしたり、自分の思いどおりにならないと攻撃的になったりします。あるいは伴侶を虐待したり、子どもを放置したりする場合もあります。言い訳をしたり、自分をよく見せようとしたり、固定観念にとらわれたりもします。また、さまざまな方法で自分をだましたりもします。つじつまの合わない行動で証拠を無視したり、結論に飛びついたり、正しくないことを言ったり信じたりもします。まさに自分こそが最悪の敵であると言えます。

人間の非理性の裏に隠れる究極の権力は**自己中心性**であり、それは「自分との関係からすべてを見ること。自分中心」と辞書に定義づけられています。

自己中心的な考え

　人間は本来、他人の権利や要求を考慮せず、他人の考え方を尊重せず、自分の考え方に限界があることに気づかないために、自己中心的な考え方をしてしまいます。人間は訓練されて初めて、自分の自己中心性に気づくことができるのです。自然にしていては自分が自己中心的な想定や情報を使用していること、データを自己中心的に解釈していることに気づきません。また自己中心的な概念がどこから出ているか、自己中心的な思考がどんな影響を及ぼすか、自分が都合のよいように物事を見ているということにも気づきません。

　人間は非現実的な考えでも「事実そうなのだ」、「客観的である」、といった自信を持って暮らしています。不正確であるにもかかわらず、直感的な知覚を確信しています。考察する際に知性の基準を用いずに、自己中心的で心理的な（知性ではなく）基準を用いて、何を信じ、何を否定するか、決めてしまいます。次に挙げるのは人間の思考に関して、よく用いられる心理学的な基準です。

「私が信じているからそれは正しい」。先天的自己中心主義：私の信条の根本を問い直したことはないけれど、私が信じることは正しいのだ。

「私達みんなが信じるからそれは正しい」。先天的所属社会中心主義：その根本を問いただしたことはないけれど所属するグループ内で支配的な信条は正しいのだ。

「私がそう信じたいから、それは正しい」。先天的願望実現：たとえば、否定的な理由を真剣に考えたことはないにもかかわらず、そう信じれば私や私の属するグループがよい思いをすると信じる。そう信じることでいい気持ちがしたり、私が持つほかの信条をサポートしたり、今の考え方を変えさせないで、私が悪かったと自分に認めさせないものを信じる。

CHAPTER 6
非理性的な傾向を克服する

「私がずっと信じてきたから、それは正しい」。先天的自己認証：真剣にそのことが正しいか、証拠はあるのか考えたことはないけれど、ずっと持ち続けてきた信条を持ち続けたいと強く思う。

「利己的な利益のためにはそう信じるべきだから、それは正しい」。先天的利己主義：健全な理性や証拠に基づいていないにもかかわらず、自分がさらに権力、金、有利性を得られるような信条を強く持つ。

6.1　自分で考えてみよう

自分の持つ非理性的な信条を見つける

上のカテゴリーを参考にして少なくとも1つ、各カテゴリーに当てはまる自分の信条を見つけてください。

1. 「私が信じているからそれは正しい」

2. 「私達みんなが信じるからそれは正しい」

3. 「私がそう信じたいから、それは正しい」

4. 「私がずっと信じてきたから、それは正しい」

5. 「利己的な利益のためにはそう信じるべきだから、それは正しい」

あなたはどのスケールに入りますか。理由も述べてください。

1 ··10
（非常に理性的）　　　　　　　　　　　　　　　　（非常に非理性的）

回答例
1. *借金のある人は人間性に欠けている。*
2. *日本人は外国人に対し親切である。*
3. *外国人は皆ポジティブである。*
4. *ぐうたらな怠け者は働く気がなく情けない人である。*
5. *有名大学に入らないとよい就職ができない。*

人間は生まれながらにして、上記のような傾向があるとすれば、種としての人間が正しい知性の基準を打ち立てず、教えてこなかった理由が納得できるでしょう。問いただしたくない次元の思考や挑戦したくない偏見が多く、

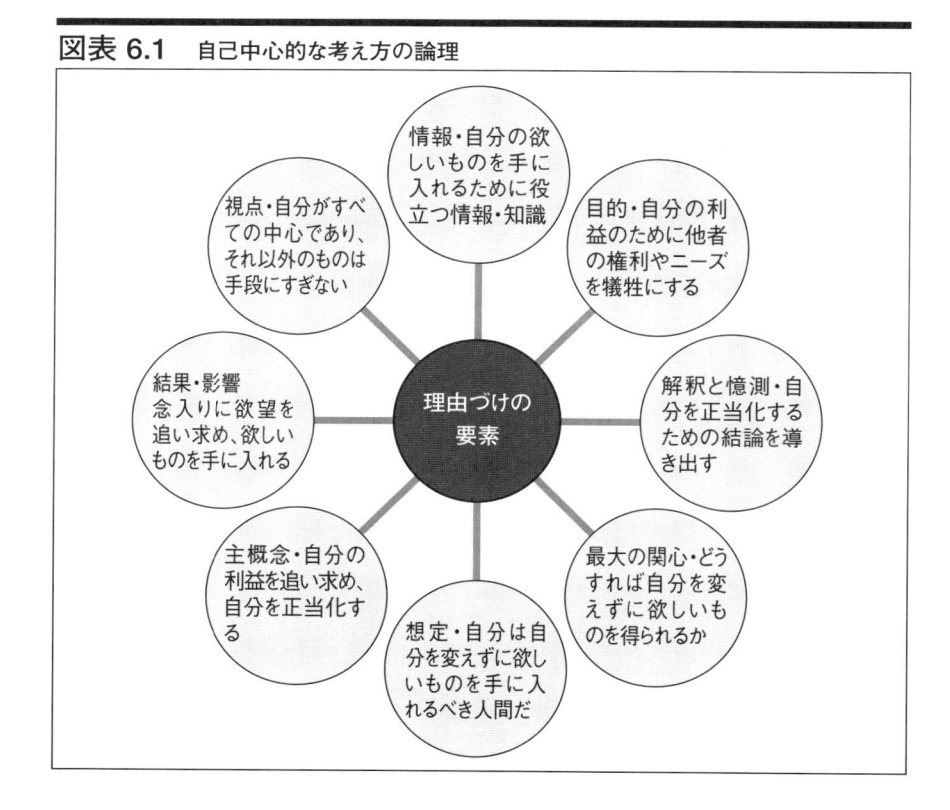

図表 6.1　自己中心的な考え方の論理

中心：理由づけの要素

- 情報・自分の欲しいものを手に入れるために役立つ情報・知識
- 目的・自分の利益のために他者の権利やニーズを犠牲にする
- 解釈と憶測・自分を正当化するための結論を導き出す
- 最大の関心・どうすれば自分を変えずに欲しいものを得られるか
- 想定・自分は自分を変えずに欲しいものを手に入れるべき人間だ
- 主概念・自分の利益を追い求め、自分を正当化する
- 結果・影響　念入りに欲望を追い求め、欲しいものを手に入れる
- 視点・自分がすべての中心であり、それ以外のものは手段にすぎない

CHAPTER 6
非理性的な傾向を克服する

利己的な利益を得ることに懸命になり、他人の権利を守ることには関心を払いません。他人の基本的要求を満たすために自分の欲望を犠牲にしたがりません。自分達にとって明白で神聖な信条が、ひょっとするとそうではないとは知りたくないのです。自分達の権力や利益を維持、増進できないような多くの基本的な原則を無視します。

しかし幸運にも、人間はいつも自己中心的な考えに引っ張られているわけではありません。比喩的に言えば1人の人間の中に2種類の心があって、1つは先天的な自己中心的、利己的傾向であり、もう1つは開拓された理性、高次元の能力です。（開拓されればですが……）

この章ではまず人間の生活において、自己中心的傾向がもたらす問題に焦点を当ててみましょう。その後、この不完全な思考形態と理性的で論理的な思考を比較検討します。理性的な信条や感情や価値をつくるとは何を意味するのか、自己中心的なそれらと比較し、探ってみましょう。そして最後に自己中心的思考に見られる2項対立、すなわち支配と従属の行為に焦点を当てることにします。

自己中心的思考を理解する

「世の中を自分にとって都合のよいように見る」という人間の先天的な傾向から自己中心的な思考が生まれます。世の中がいかに自分に仕えるか、という観点を持ち、その範囲内で世の中を動かし続け、状況や人々を自己の利益にプラスになるように本能的に支配するのです。

同時に、自分の考えは理性的であると自然に思い込みます。どんなに非理性的で破滅的な考えをしていようとも、自己中心的観点から見て、自分の思考は理にかなっていると思ってしまいます。自分にとっては自分の思考は正しく、真実で、よく、正当性があるのです。だから、この自己中心性はクリティカル・シンキングに対しておそらく一番手ごわい障害になるのです。

私達は子どもの頃から世の中の真実を見つける感覚の基礎を少しずつ身につけていきます。自然に自分が何者なのかという感覚を信じ、しがらみを信

じています。それゆえ、もし私達が非理性的に行動したり考えたりしたら、ある意味で、生活の中で発達させてきた信条や思考プロセスの犠牲になったと言えます（なぜなら、自己中心的な思考が私達に命令しているからです）。

年をとるに従って、理性的に考えられるようになります。教育や経験を積むことで、特定の生活領域では理性的に考えられます。理性的な行為を多く見て育てば、より理性的になります。しかし、自分の自己中心性に気づき、克服方法を学ばない限り、抜け出ることはとても難しいと言えます。人間の心は責任感という仮面をかぶって、実に多く非理性的な考え方をすることができるからです。

単なる見かけの理性はもちろん本物ではありません。残念ながら一見、理性的な大人の行動でも、実は自己中心的な所属社会中心的な根を持っていることがあります。これは人間の心の働きを私達がよく理解していないことに起因します。人間の思考は放っておけば、偏見、バイアス、あいまいさ、傲慢、などに翻弄されるということに気づくことが最も重要です。

自分で考えてみよう 6.2

自己中心的な思考を理解し始める

　他人の意見を公正な心で聞けなかったと自分で気づいた最近の事柄について考えてみてください。話をしている時、攻撃的だったり、相手を支配しようと思っていたことはありませんか。相手の立場に立って、その状況を見ようとしなかったことはありませんか。その時自分は正しいと信じていたでしょうが、今ではあの時自分は狭い心を持っていたことに気づいています。次の文を完成させてください。

1. 状況は ＿＿＿＿＿＿＿＿＿＿＿＿＿＿＿＿＿＿＿＿＿ だった。
2. 自分の行為や考えは ＿＿＿＿＿＿＿＿＿＿＿＿＿＿＿ だった。
3. 自分は ＿＿＿＿＿＿＿＿＿＿＿＿＿＿＿＿＿＿＿＿＿ だったので、心が狭かったと今、気づいている。

もし、例が挙げられなかったら、ほかの人の例を挙げてみてください。また、

CHAPTER *6*
非理性的な傾向を克服する

なぜ、自分の例を挙げることができなかったのかも考えてください。

回答例
1. 私は大学の学生会の仕事をしています。それがすごく忙しくて何から手をつけてよいのかわからなくなった時、自己中心的な考えに陥ってしまいます。
2. 自分ばかりがなぜこんなに仕事しなきゃいけないんだ、と思い、いらいらしてしまいます。そんな時に友達が何か話しかけてきても、仕事の途中で中断するのが嫌でその友達が言っていることをちゃんと聞かなかったり、手を止めずに応答するので、「ちょっと手を止めてこっち向いて」とよく言われます。
3. 自分に落度はないと思ってしまい、人が自分に従ってくれないとすごく感情的になってしまいます。相手の立場からものを見ようとしないのかもしれません。それが繰り返されると段々自信がなくなってきて落ち込んでしまいます。

なぜ心の中に自己中心性が生まれるのかを理解する

　自己中心的な考えは無意識に働き、「これからしばらく自己中心的に考えよう」と言う人は誰もいないように、人は自己中心的であることを認めたがりません。その究極のゴールは自分の満足と正当化（self-validation）です。自分に都合のよい人の権利や要求は守るかもしれませんが、ほかの人のそれは尊重しません。自己中心的な考え方をしている時、自分は正しいと思っていて、逆に反対する人が間違っていると考えるのです。

　自分の家族・子ども・国・宗教・信条・感情・価値観——いずれも自己中心的な心と強く結びついています。私達はたとえ他人に不正を働いていても、また無責任にも極悪な方法で傷つけていても、自分を正当化します。自分をサポートする事実だけに興味を持ちます。私達は矛盾をついてくる人々に嫌悪感や恐怖感を抱きます。自分自身を批判するとしたら、それは自分の

図表 6.2　自己中心的な考えの背後にある基本的な動機

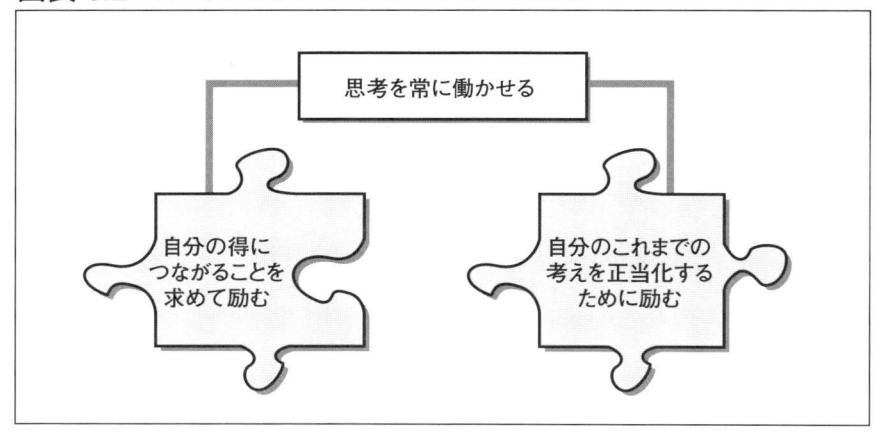

思考を常に働かせる

自分の得につながることを求めて励む

自分のこれまでの考えを正当化するために励む

行為を変えるのではなく、むしろ変えることを避ける手段になるのです。たとえば、「私は短気だけど、どうすることもできない。父と同じように、すぐかっとしてしまう」と考えたとすると、自分への批判は引き続き短気でいることを正当化しています。

このように自己中心的な考え方の1つは、現在持っている考えを正当化することです。たとえ倫理にかなわないことをしていても、自分の中で正当化されていれば気持ちよく暮らせるのです。たとえば、ある特定の人種が劣っていると信じるよう育てられたら、自己中心性は次の項目すべてを認めさせてしまうのです。(1) 私は偏見を持っていない（彼らが単に劣っているだけだ）。(2) 私は感情を交えずに、その人自身の真価で判断する。(3) 私は寛大な人間だ。

上記のように信じていると、自分が人種について短絡的な結論を下すとは思ってもいません。彼らを不当に扱っているなどとも全然思いません。彼らをありのままに見ているだけだと認識していて、自分が信じていることの虚偽を示す証拠を無視しているのに、自分では無視しているとはわかっていません。人種主義者は悪い人間だ、自分は悪い人間ではない、という理由で、

CHAPTER 6
非理性的な傾向を克服する

自分が人種差別主義者だとは思っていないのです。

　自分のそのような傾向に気づき始めるには、唯一、自分自身を理性的に分析する能力を開発しなければなりません。そうすれば自己中心性が忍び寄る隙を与えません。いったん、自己中心性が心を支配し始めると、自分の立場を正当化するようになり、どんなに間違っていようとも、真実を経験していると思ってしまいます。自分自身を欺くのが上手になると、ゆがんだ思考を訂正する理性的な思考が遮断されます。自己欺瞞が進めば進むほど、自分の非理性さに気づかなくなり、自己中心性に阻まれている正しい情報に目がいかなくなり、本当に理性的な見方や考え方を開発したいという気持ちをなくしてしまうのです。

6.3　　　　　　　　　　　　　　　　　　　自分で考えてみよう

自分の持つ偏見を発見する

　自己中心的な考えを持つ人は、自分は正しいと信じているだけでなく、証拠もないのに多くのことを信じてしまいがちです。証拠の前に判断を下すのは偏見です。だから私達は理性の能力を使って、私達が持つ偏見を見直す力をつけなければなりません。まず次の文章を完成させてください。

1. 私が持つ偏見の1つは＿＿＿＿＿＿＿＿＿＿である（証拠がないのに一般化する傾向があるものについて考えてください。宗教、無神論者、男、女、同性愛者、異性愛者、など自由に選び、Xの人は皆Yだ、女（男）は皆……だ、のように書いてください）。

2. 自分のゆがんだ考え方を変えるためには、どうすべきだろうか。

3. もし2.で答えた方策を使えば、私の行動は次のようになるだろう。

回答例
1. 私は同性愛者に偏見を持っていた。
2. 同性愛に関して何ら知識を持たなかったので、本やインターネットで調べ、多くの情報を得た。
3. 最近友人からカミングアウトされたが、今までとは違った観点から同性愛について考えることができた。しかし、家に帰って1人風呂の中でいつまでもそのことについて考えている自分に気づいたとき、まだまだ本当に理解した、共感したとは言えないな、と思った。

「成功」するエゴ

　もともと自己中心的な考え方は非理性的ですが、間違った論理の下では機能します。たとえば、他人の権利を無視して利己的に自分の欲しいものを手に入れる場合などです。この種の思考は証拠、健全な論理、客観性、公正さが欠けていますが、自己を満足させる観点からは「成功」することがあります。自己中心的な思考は本来ひびが入っているのですが、達成したいことを達成させることができるのです。

　以上述べたようなことは世間の権力者や地位の高い人――成功をおさめている政治家、弁護士、ビジネスマンなど――に当てはまります。彼らは自分の得たいものを得、自分の非倫理的な行為を巧みに合理的なものにすることができ、「この世は厳しく冷酷だ。人間は現実的にならなければならない。完璧な世の中だったらどんなによいかしれないが、我々はそんな世に住んでいるわけではないことを認識しなければならない。だからこそ、我々はこれまでと同じようにやっているのだ」と、いたってシンプルな合理性です。反対に合理的であることは高度に発達した哲学、イデオロギー、政党綱領に隠された形で存在し、非常に複雑な場合もあります。

　このように自己中心的な人は自分の立場を守るために倫理的な言葉を使うかもしれませんが、真に倫理的であるわけではないことは明らかです。実際、彼らは倫理的な原理を尊重していません。自分が得たいものを正当化できる

CHAPTER 6
非理性的な傾向を克服する

時だけ都合よく倫理の原理を持ち出してくるのです。

　自己中心的思考は本来、倫理的原則や本物の良心には無関心です。他人の権利や要求を考えることと、自分が利己的に欲しいものを得ることとを同時に満たすことはできません。唯一強制された時のみ、他人のことを考慮します。それゆえ自己中心的な政治家は再選が支持者いかんにかかっている時だけ公のグループの利益を考えるのです。正当性に焦点を合わせるというより、支持が得られなければ再選できないという認識に焦点を合わせています。関心が利己的である限り、他人の権利や要求は重んじられません。

　株が高値で売れるよう会社の利益を大幅に水増ししている役員は無知な人々が業績が上げ潮に乗っている（実際はそうでないのですが）その会社に投資することによって損害を被る原因をつくります。このようにデータを操作するほとんどのCEO（最高経営責任者）は投資家の利益など心にもかけておらず、「買い手の側の責任」が彼らの正当化なのです。このような正当化を使うことによって自分の非倫理性に直面する必要がなくなるのです。

　何千もの人々の権利や要求が絡む場から、シンプルな日常の2人の関係の場まで、いろいろな状況において非常に狡猾な自己中心的思考は生まれます。ビデオショップによく通うマックスとマクシーヌという夫婦を想像してください。マックスはアクション物が好きでマクシーヌは恋愛物を借りたいと思っています。マクシーヌはマックスの希望をかなえるよう、しばしば譲るのですが、その反対はありません。マックスは「自分の選んだ映画はスリルあるアクションでいっぱいだ、恋愛物はゆっくりで退屈だ、自分の選んだ映画はいつも受賞作品だ、涙を誘うような映画なんか誰が借りるんだ」などさまざまな理由を挙げて、自分の立場を主張します。しかし、その理由は「自分の好きな映画が見たい、見たくない映画を見る必要はない」という本当の理由をカモフラージュしているのです。彼の心の中は「自分が好きなようにしたい」。それだけなのです。

　マックスは自分でも自己中心性に気づいていません。マクシーヌの考え方もつかめていません。自分の自己中心的な考え方がマクシーヌに与える影響を考えることができないのです。このように、彼は自分の要求を通せるので、

自分の考えがおかしいことに気づけず、その結果、彼の自己中心性は成功するのです。

自分で考えてみよう 6.4

自己中心的な思考の具体例を認識する

あなたにとって関心のないことを、誰かが利己的にさせようとしたことはありませんか。次の文を完成させてください。

1. 状況は以下のようでした。

2. この人Xは、私を以下のように支配しようとしました（自分を通すためにXはこのような理由を挙げました）。

3. その時、上記の理由は理性的に思えました。なぜなら＿＿＿＿＿＿。

4. Xは私を支配しようとしていたのだと思います。なぜなら＿＿＿＿＿＿。

5. Xが自分を通そうとした本当の（非理性的な）理由は＿＿＿＿だからです。

回答例
　私の彼はバイク部品を組み立てるのが趣味です。私は最初バイクのことは全然知らなかったので一緒に部品を組み立てることが新鮮に思えて楽しかったけれど、長く続いてくると少し嫌になりました。彼はアルバイトで忙しく、時間的に限られているので一緒にいる時も部品を組み立てたいと主張しました。私は彼を思いやる気持ちで自分の好きな映画も見ず我慢していましたが、今後は私の気持ちを率直に言おうと思います。

CHAPTER **6**
非理性的な傾向を克服する

「成功しない」エゴ

　自己中心的な思考が失敗すると、問題が他人だけでなく自分自身にもふりかかります。マックスとマクシーヌのビデオの件に少し戻ると、ビデオの選択に関して自分勝手な議論を何カ月間もした末に、マックスがマクシーヌを支配し、自分の好きなビデオを借りたことを想像してみましょう。ある日、マクシーヌがもうこれ以上マックスの利己についていけない、と考えたとします。彼女はマックスに怒りを感じ始め、マックスが自分のことを心から大切に思っていないのではないかと思い、考えれば考えるほど2人の関係のいろいろな点において、マックスが利己的であると感じ始めます。彼は彼女の映画の好みに合わせようとしないだけでなく、どこで昼食をとるか、何を食べるか、いつ友人を訪ねるかといったことなどすべてに彼女をコントロールしようとしているのです。

　マクシーヌはマックスに支配され、利用されている、と感じ始め、怒りからマックスに攻撃的な態度をとります。彼女は反抗し、もはやマックスの一方的な決定に合わせようとせず、彼の選択に同意できない時はそのように彼に言い始めます。

　もはやマックスの自己中心的な考え方は通用せず、自分の思いどおりにならないため、彼は怒り、彼女を虐待します。しかし、自分の間違った思考を洞察できない彼は、マックスを不正に扱っていることに気づきません。

　マクシーヌは怒りからマックスに報復する気持ちに駆られているので、マックスとの生活はこれまでのようにうまくはいきません。今後は映画を選ぶ時、マックスに合わせようとはすまい、とマクシーヌは心に決めているかもしれません。報復を考えているかもしれません。彼の選択に合わせた時はビデオを見ている間中、すねているかもしれません。両者ともマクシーヌの反逆により不幸になるかもしれませんし、長期戦になるかもしれません。

　以上は自己中心的思考が個人的あるいは社会的失敗を導くほんの一例です。自己中心性、自分の所属する社会中心性は偏見、いさかい、戦争、大量虐殺、種々の人間性抹殺へとつながっていきます。強力な力を行使して、あ

る個人や団体が自分のエゴを成功裏に終わらせることも時にはありますが、結果的に犠牲者のみならず、自分達にも悪影響が及びます。自分達のグループ・カラーだといって同じ色のトレーナーを着ている人を無差別に標的にするギャングのことを考えてください。始めは言葉による嫌がらせから、すぐに暴力に移行するため犠牲者は重症を負います。その後、関わったギャングは逮捕され、処罰され、投獄という結果になるのです。

　他人に直接的な害を与えないにしても、自己中心的な考えは慢性的な自己嫌悪や鬱を引き起こします。問題が起こると次のような考えになりがちです。

　どうしてこんなに、ついていないのだろう。今度こそうまくいっていると

図表 6.3　自己中心的な考え方に伴う感情はたくさんありますが、そのいくつかが以下にまとめてあります。こういった感情は、自己中心的な考えがうまくいかなかった時に湧き起こってきます。

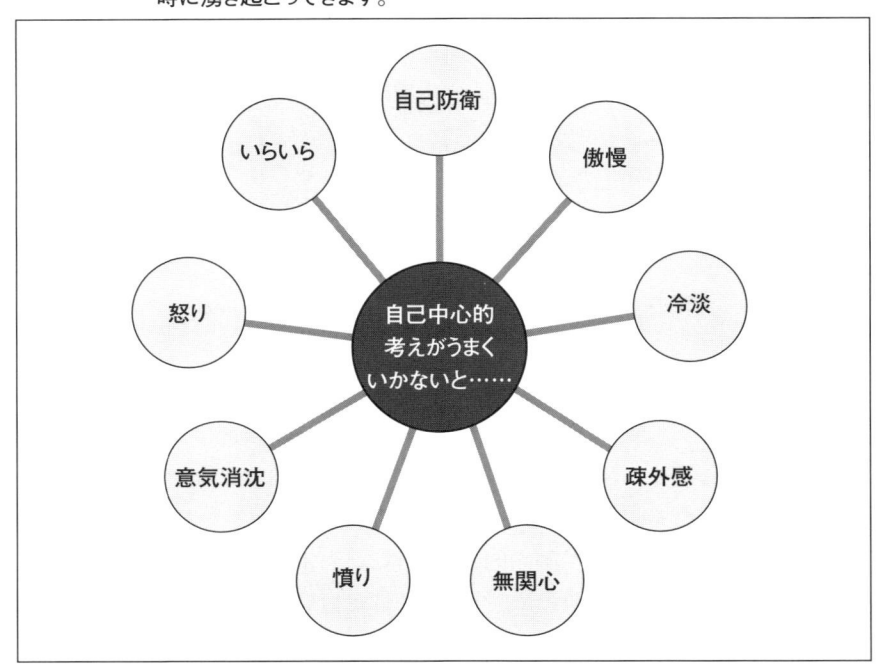

中心：自己中心的考えがうまくいかないと……

周囲の感情：自己防衛、傲慢、冷淡、疎外感、無関心、憤り、意気消沈、怒り、いらいら

CHAPTER 6
非理性的な傾向を克服する

思ったらまた、別の問題が起こってくる。人生って限りなく問題の連続なのかなぁ。先生は僕に期待をかけすぎだし、親はお金をくれないし、ボスは僕が一生懸命やっていることを認めてくれないし、妻は僕がすることなすこと文句つけるし、この車まで故障してしまった。人生はまさに苦しみだ。どうしてこんなに何もかもうまくいかないのだろう。

　自己中心的で自己憐憫の強い人は人生をポジティブにとらえることができず、自分はかわいそうな人間だというメガネで見てしまいます。不必要な苦しみを自分に与え、「自分の人生なんだから、どんなに自分を哀れんでもいいじゃないか」と自分に言い聞かせます。そうなると、精神は自己訂正できないので、自分が被害者になり、否定的行為をしたり、自己懲罰的な行為をしてしまいます。

　それだけではありません。自分の所属する社会中心主義は倫理的な問題を引き起こします。他人の権利や要求を無視するという思考は必ず他人の権利や要求を侵します。たとえば、所属社会中心性の強い人は自分のグループをほかのグループより優位に置きたいと強く願い、その結果、自分のグループの思いどおりになるよう、他人の権利や要求を無視してしまうのです。自分の中にある二重の基準をカモフラージュします。確かに歴史は自分では絶対体験したくない苦痛や剥奪を他のグループに与えてきました。私達は所属社会中心主義にとらわれていると、つじつまの合わない偽善になかなか気づけません。

6.5　　　　　　　　　　　　　　　　　　　自分で考えてみよう

誤った自己中心的な考えを発掘する

　利己的に自分の欲しいものを手に入れようとしたが、自分の自己中心的行為のためにできなかった時のことを考えてみてください。

1. 状況は次のようだった。

2. 欲しいものが手に入れられなかった時、私は次のように考え、＿＿＿＿と振る舞った。

3. もっと理性的な考え方は次のようだったと思う。

4. もっと理性的な行動は次のようだったと思う。

回答例
1. 家にいてアイスクリームが食べたくなった時、父に「散歩に行きたくない？」と言って外出を促し、嫌そうな顔をしたところで、「みんな食べたいって、言ってるよ」と嘘を言って買いに行かせた。
2. 父の気分を害した。自己中心的だと思われた。
3. アイスクリームを我慢する。
4. 自分で買いに行く。

理性的思考

　非理性的であることは人間の生活上に大きな影響を与えますが、人間は原則的には理性的に考え行動することができます。自分の見解を支持しないような証拠でも尊重でき、他人の見解に共感、同情できるようになれます。他人のために自分を犠牲にしたり、重要な問題を解決するために他人と協力したり、自分が自己中心的な考え方をする傾向にあることを発見したり、それを修正し始めたりすることができるのです。

　自己中心的な人には幻想や思い込みが多いのですが、訓練することによって他人の立場がわかるようになります。他人の考えを自分の中に取り入れたり、他人の立場にも立てるようになります。また、自己中心的な人は自分がそのような振舞いをする思考過程に気づきません。もしクリティカル・シンキングができると、その思考過程がはっきり認識でき、自分の考えが一番正しいと思うのと同時に、私達の見解はいつも不完全で非常に利己的である、

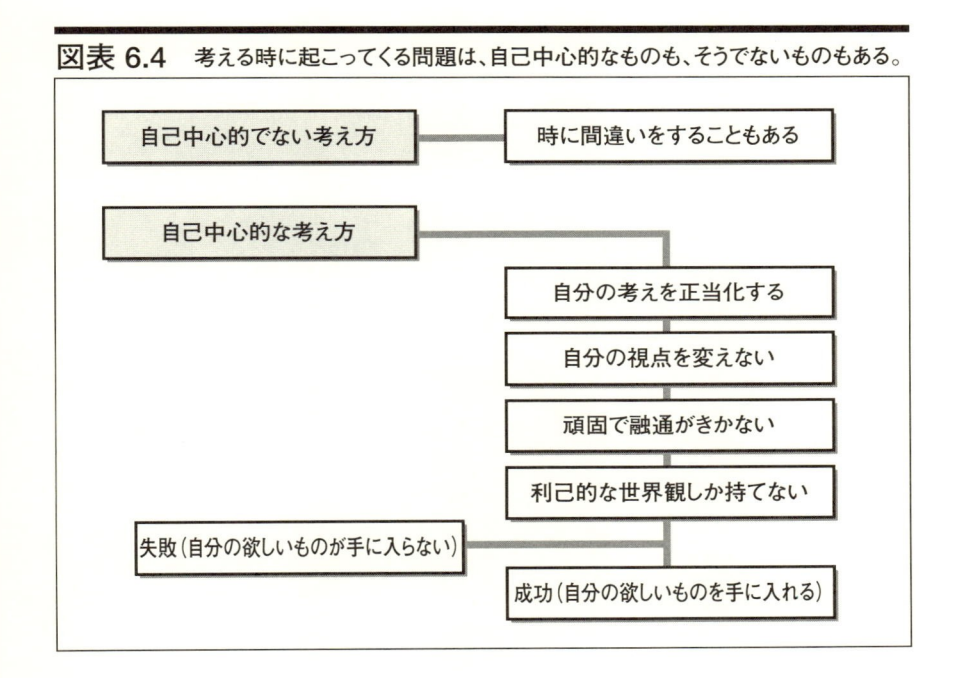

CHAPTER 6
非理性的な傾向を克服する

図表 6.4 考える時に起こってくる問題は、自己中心的なものも、そうでないものもある。

```
自己中心的でない考え方 ─── 時に間違いをすることもある

自己中心的な考え方 ─┬─ 自分の考えを正当化する
                    ├─ 自分の視点を変えない
                    ├─ 頑固で融通がきかない
                    ├─ 利己的な世界観しか持てない
                    ├─ 失敗(自分の欲しいものが手に入らない)
                    └─ 成功(自分の欲しいものを手に入れる)
```

と認識することができます。非論理的であっても自分の考えに自信を持ち続けられると同時に、論理に至る経過を見つけ、それが問題を抱えているのに気づくことができるのです。

　自分自身の世界観を固持するのではなく、他人の見解を考え、理解し、複数の視点から状況を見ることができるようになり、自分の思考を正しく評価できるようになります。

　人間は誰でも理性を開発する能力を持っていて、それを使って自己中心的な考えを拒否したり、修正したりします。しかし思考を訓練された人は多くはいません。すなわち責任感を持ち、改善に導く内なる声を開発し、行動する前にその思考が及ぼす結果について考え、自分の目的や計画を見つけ、吟味し、自己中心的傾向はないかチェックする訓練です。非理性的な考えに気づき、それを理性的なものに変えることなのです。

図表 6.5　自己中心的ではない考え方の論理

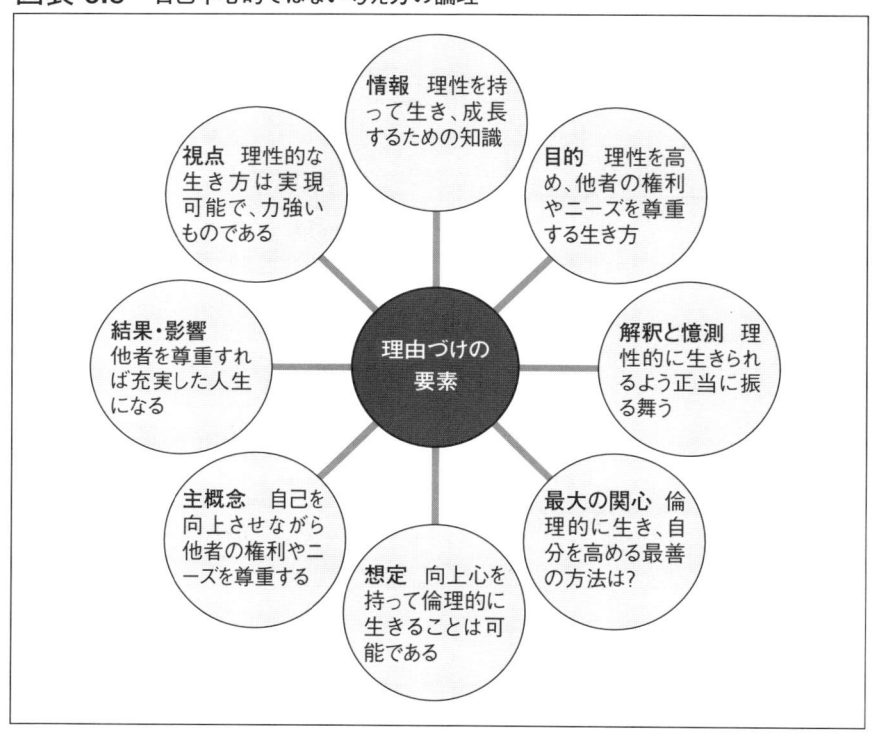

- **情報**　理性を持って生き、成長するための知識
- **目的**　理性を高め、他者の権利やニーズを尊重する生き方
- **視点**　理性的な生き方は実現可能で、力強いものである
- **解釈と憶測**　理性的に生きられるよう正当に振る舞う
- **結果・影響**　他者を尊重すれば充実した人生になる
- **理由づけの要素**
- **最大の関心**　倫理的に生き、自分を高める最善の方法は？
- **主概念**　自己を向上させながら他者の権利やニーズを尊重する
- **想定**　向上心を持って倫理的に生きることは可能である

　恋人であるトッドとテレサのケースについて想像してみましょう。トッドはテレサがほかの男性と話をすると嫉妬していました。その気持ちは非理性的だと認識したトッドは今では自分の自己中心性を抑えることができます。「彼女がほかの男性と話すことがなぜ悪いんだ？　彼女を信じられないのか？信じているのになぜ彼女の行為が気になるのだろう？」と、自問自答し、自分のエゴから遠ざかることができるのです。

　このような自己洞察（self-scrutinizing）を通して、分別のある人は自分の動機の裏に潜むものを理解しようとし、自分自身の自己中心性に行き当たります。分別や相互尊敬に根ざした人間関係を築き、柔軟で、規律正しく、公

CHAPTER 6
非理性的な傾向を克服する

図表 6.6 この表は自己中心的な考え方と、そうではない考え方の違いを表しています

自己中心的な考え	自己中心的でない考え
理性を発達させることなく、他者の権利やニーズ、要望などを犠牲にしながら自分の利益を求めていく	自分自身だけでなく他者のニーズや要望も尊重し、知的に成長し続けることを目指している
自分を正当化する	知的成長がある
臨機応変に対応できない（柔軟な対応をしても自分の得にならない場合）	柔軟性、適応力がある
自分勝手である	公平であるよう努力をする
（肯定的にも否定的にも）ひとまとめにして一般論を述べてしまう	情報を正確に解釈しようと努める
情報を都合のいいようにゆがめ、重要な情報を無視してしまう	妥当な情報はすべて収集し、すべてを考慮に入れる
自分の要望がかなわない時には、否定的で逆効果を招く感情的な行動をとってしまう	感情を抑え、自分の情熱を生産的に用い、理性的に状況に対応する

正なアプローチを理性的な思考はします。倫理にかなった自分の道を示すことができ、非理性的な傾向から慎重に遠ざかります。

　無意識に自分を欺いている思考が非理性的な結果を生むように、意識的に自分を見つめる思考は理性的な結果を導く原動力になります。私達が本能的に持つ非理性的思考のすべてを意識することが、まず大切なのです。身についた悪習慣を無視したり、ただ闇雲に止めるだけでは思考は改善されません。自分を分析する姿勢がなければなりません。

　このように見てみると、理性的な行動は批判が持ち上がった時でも堂々と立ち向かえる行動と言えます。公表できない考えは疑われても仕方ありません。たとえば数枚の体裁のよい契約書を作成した人が、読み手が理解できないことを期待しているとしたら、その場合、自己中心が真実を隠そうとして

図表 6.7 状況に応じて、いかなる瞬間においても自己中心的か、そうでない考えかによって、知性の 3 つの機能は支配されています

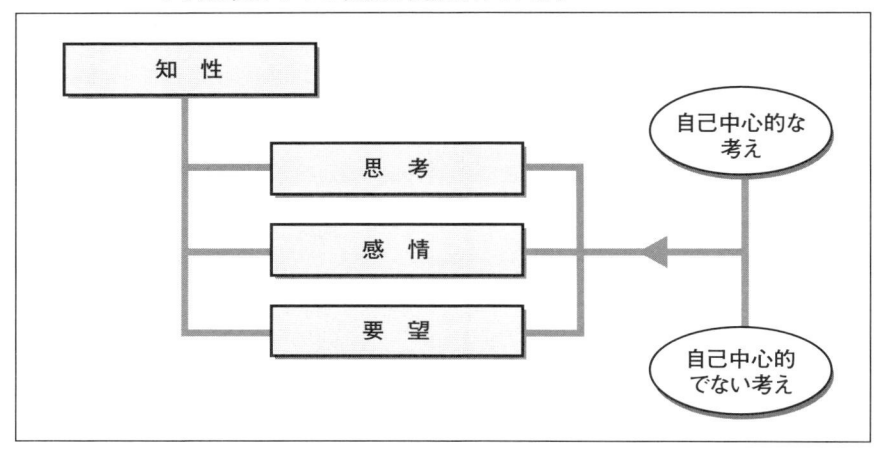

```
知性 ─┬─ 思考 ─┐      ┌─ 自己中心的な考え
      ├─ 感情 ─┤◀─────┤
      └─ 要望 ─┘      └─ 自己中心的でない考え
```

います。見た目は真っ当で公正だけれども、「うそ」なのです。

　逆に理性的な考えはどんな場合でも弁明できます。それは自己欺瞞でも、隠された事項（hidden agenda）でも、ほかでは通用しない一方の視点だけからの罠でもありません。

　重要な情報をすべて集め、自己矛盾がなく、統合されたものです。理性的な人はありのままを見つめ、世の中を包括的に眺めます。また理性的な人は人生に能動的に関わり、自分が間違っていると気づいたら、それを率直に認め、間違いから学ぼうという姿勢を持っています。

　自分も理性的になりたいと思っていたら、どんな場合でも自分の思考、感情、願望を自己中心的か理性的かどちらかにコントロールできることを理解しておかなければなりません。あなたの理性が自己中心的傾向に打ち勝つためには、オーケストラのリーダーのような働きが必要です。オーケストラのリーダーは音楽活動のプロセス、メンバーの規律、音質、欠点修正をコントロールし、厳密な吟味とたゆまぬ練習があって初めてすばらしい音楽が生まれます。

CHAPTER 6
非理性的な傾向を克服する

あなたがもっと理性的になるためには理性的思考、非理性的思考と自分の人生の動機の相互作用を学ばなければなりません。究極のところ自分が何者であるのか、人生で何が一番大切なのか、決めるのが自分の思考であると気づくでしょう。

6.6　　　　　　　　　　　　　　　　　　　　　　　自分で考えてみよう

あなたは理性的？

さて、前記で理性と非理性（自己中心性）について知りましたね。ここで自分がどのくらい理性的か、非理性的か考えてみましょう。次の質問に答えてください。

1. 自分はどの程度、理性的であり、どの程度、非理性的か答えられますか？
   たとえば100％理性的だとか50％、50％だとか。

2. 1.の答えを出すのに何を基準に判断しましたか？

3. これまで自分の自己中心性がもたらした問題がありますか？

4. あなたの自己中心性は自分やほかの人に更なる問題を引き起こす傾向にありますか？

2種類の自己中心性

ここでは全く違った形で現れる2種類の非理性についてお話しします。両方とも望みをかなえるために使われる一般的な方略で、非理性的に権力を得る方法です。

まず、日常の生活の中で権力が持つ役割に焦点を当てることにしましょう。ある種の権力を持っていると感じることは誰にでも必要です。もし全く権力がなければ自分の要求を満たすことはできませんし、他人の慈悲にすがるこ

図表 6.8 自分の利益を得るために自己中心的に考える場合は、必ず他者を支配するか、他者に服従しようとしています

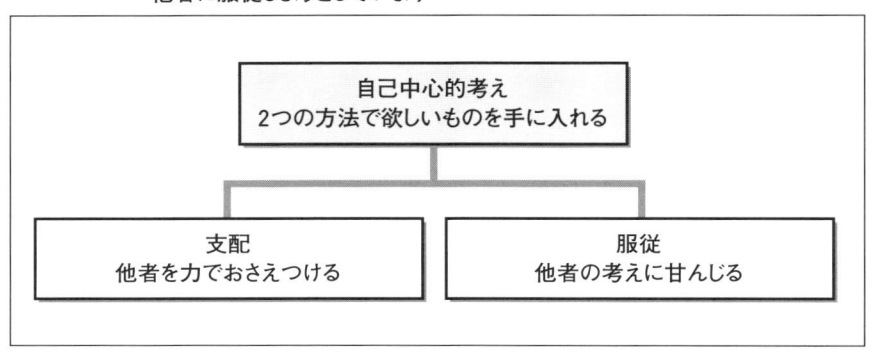

```
           自己中心的考え
       2つの方法で欲しいものを手に入れる
        ┌──────────┴──────────┐
       支配                    服従
  他者を力でおさえつける      他者の考えに甘んじる
```

とになってしまいます。

　非理性的に権力を得てそれを行使する方法が2種類あります。
1. ほかの人を支配する。(自分の望みをかなえる直接的な手段)
2. ほかの人に服従する。(自分の望みをかなえる間接的な手段)

　自己中心に考えている時、私達はほかの人にあからさまに権力を行使したり、支配的になったりして、直接的に自己中心的な願望を満たそうとします。あるいは自分に利益をもたらすような人に服従することによって、間接的に自己中心的な願望を満たそうとします。すなわちエゴはいじめをするか、平伏するかなのです。弱者を威嚇するか、あるいは服従するか、その両方の場合もあるでしょう。

　上に挙げた両方の手段とも、非理性的であり、根本的に間違っています。なぜなら正当でない考えを基礎にしているからです。すなわち自己中心的な人の要求や権利が、搾取される人の要求や権利よりも、重要視されることが大前提となっているのです。それぞれの根本的なロジックを見てみることにしましょう。

　2つのパターンを議論する前にちょっと注意することがあります。前にも

CHAPTER 6
非理性的な傾向を克服する

述べたように権力を使うことは生活に必要です。しかし権力を使うということは不適切に使うという意味ではありません。たとえばビジネスの場で上司は労働者が反対する決断をマネージャーに迫ることがあります。マネージャーとしての責任上、権力を使わなければならないこともあります。それができないマネージャーは失格とも言えます。これは仕事を進める上での責任です。もちろん私欲のために不当に権力を行使することは間違っています。

すなわち権力行使は人間の生活の一部なのです。重要なことはその権力が動機とマナー次第で理性的にも非理性的にも使えるということです。権力は理性的な目的のために穏当なマナーで行使された時のみ正当ですが、他の人を非理性的にコントロールし支配したり、私服を肥やすために使われるのは論外です。

さて、ここで誰でも自己中心的になった時に使ってしまう非理性のパターン2つを見てみましょう。第1は支配的エゴ：「何としてでも自分の要求を勝ち取る」。第2は服従的エゴ：「ほかの人を喜ばせて、自分の望みをかなえる」。人は習慣的に、あるいは状況によって、どちらかを選択します。たとえば強制的にトップを入れ替えたり、トップにゴマをすったりして要求を満たしたりします。もちろんそれらは無意識におこなわれることを覚えておきましょう。

支配的エゴ

自己中心的思考の2つのうちで、支配的エゴの方がわかりやすいと思います。支配的エゴは権力を行使してほかの人に自分の望むことをさせようとします。腕力、言葉による威嚇、強要、暴力、攻撃、権威などあらゆる権力を使います。もし抵抗されたら強制してでもこちらの要求を通すためにほかの人を支配しなければならないといった考えに基づいています。往々にして支配は陰険で間接的であって、表面上は穏健に見えることもあります。

たとえば妻や恋人に対する男性からの虐待や、子どもに対する虐待がその

よい例です。「もし自分の要求が通らなければ無理やりそうさせる」が虐待をする側の暗黙のパターンです。ほかの人に対する支配は権力を示したり、自分中心の感情から起こります。自己欺瞞を通して自分を正当化します。すなわち支配者にとっては正しく適切な行動なのです。彼等は力を行使し、そうすることが相手にとっても「よい」と考えての行動なのです。力を使って相手を服従させることに対して自分で納得し、自分の欲を満たすのが目的です。結果、相手は不当な不便さ、苦しみ、剥奪を我慢しなければなりません。

　このような相互依存の精神状態において、相手をうまく支配できている人が自分自身の行動や理性に問題があると気づくのはとても難しいことです。当然だと思ってやっていることを変えることができるでしょうか。このように支配的エゴは「うまくいっている」限り肯定的な感情を味わい、「うまくいかない」と以下に挙げるような否定的感情となって表れます。

　コントロールすることが目的になった時、それがうまくいかないと怒り、激憤、怨恨、敵意、反抗、落胆、悲哀を味わいます。何年にもわたって妻に虐待を続けていた夫は、妻が離れていこうと決心すると、激怒し、彼女を殺害し、時には自分も死ぬという事件すら起きています。自分が妻を支配できていると思っている限り、満足感があるけれども、もはや彼女を支配できないとわかると極端な暴力に走ってしまいます。

　支配者は自分の非理性的行為を正当化するために次に挙げるような思考を使います。

・自分のほうが相手より、よく物事を知っている。
・だから命令する義務がある。
・事態を好転させるために力を使わなければならないのは、しなければならないことを自分の方がよくわかっているからだ。
・相手より自分の方が技術力や理解力が勝っている。
・自分はリードする権利がある。自分が事態を一番よく知っている。
・相手はばかなことをする。だから助けが必要なんだ。
・自分はエキスパートだ。だから相手に教えられることは何もないし、その

CHAPTER 6
非理性的な傾向を克服する

必要もない。

　上に述べたような信念や考えが無意識に働く利己的な人は、よい人間関係を築くことが難しいのです。特に相手も利己的な人であったり、反対に非常に理性的な人の場合、うまくいきません。

　無意識に人を支配しようとする傾向がある人は、健康な人間関係構築が妨げられると同様、何かを学習する過程においても支障をきたします。それは傲慢だからです。大抵の場合以下に述べるような考えが無意識に働き、親や教師から何かを学ぶことができません。
・なぜこんなことを勉強しなければならないんだ。自分には無益だ。
・こんなの単なる理論か概念だ。もっと実用的な知識がいるんだ。
・この教科に関してはもう十分知っている。
・これは自分の専攻ではないから役には立たない。
・自分は頭がよい。教わったことがわからないとすれば先生の教え方が悪いからだ。
・これまでずっとよい成績だった。だからこのクラスで成績が悪いとすればそれは先生のせいだ。

　もう1つの支配的エゴの特徴は自分には甘く他の人には厳しいことです。たとえばほかの人には完璧を求めるのに自分の欠点には目をつぶります。日常の小さなことで例を挙げてみましょう。交通渋滞の時、ほかの人に対しては「割り込みなんて絶対許せない」と自分の権利を主張するにもかかわらず自分は割り込みをしてしまいます。つまり支配的エゴはほかの人には規則を守ることを強く求めますが、自分は例外なのです。

　倫理的側面を見ると、ほかの人を支配することはその人達の人権を侵し、要求を無視することです。利己的、残忍性が共通した特徴です。もちろん支配されている人々に勝ち目はありません。自分達の行為をどのようにでも狡猾に言い抜け、倫理的責任を逃れるのですから。

自分で考えてみよう　　　　　　　　　　　　　　　　　　　　6.7

あなたの利己的支配度をチェック

友達、家族、同僚などとのやりとりを思い出して、次の文章を完成させてください。

1. 次のような状況の時、一番支配的エゴに陥ります。

2. 支配的行為の例を挙げてみます。

3. 次のような方略を使って、他の人を支配するのに成功します。また失敗した時の方略は……

4. 自分の支配的な行為が問題を引き起こします。なぜなら……

次に服従的エゴ思考のロジックに移りましょう。自分を支配し、権力を行使する人に付くことによって、力と安全を得ようとすることです。権力を持つ人すべてが、ほかの人を支配することによって、その権力を勝ち得るとは言っていません。理性的な手段の場合もあるからです。このことを念頭に置いて、服従的エゴの概要から見ていきましょう。

服従的エゴ

支配的エゴがほかの人をコントロールすることであるのに対し、服従的エゴは方略的に補助（strategic subservience）することです。直接的に権力を勝ち取るのではなく、権力を持っている人を補佐します。自分の利益のために権力のある人が動いてくれるよう、その人達に服従します。そうすることで服従的エゴを持つ人は権力を持つのですが、うまくやるために、お世辞を言ったり、根回しをしたりします。実際は自分の利益を追っているのですが、表向きは服従する人の幸福や利益に強い関心があるように見せかけます。と

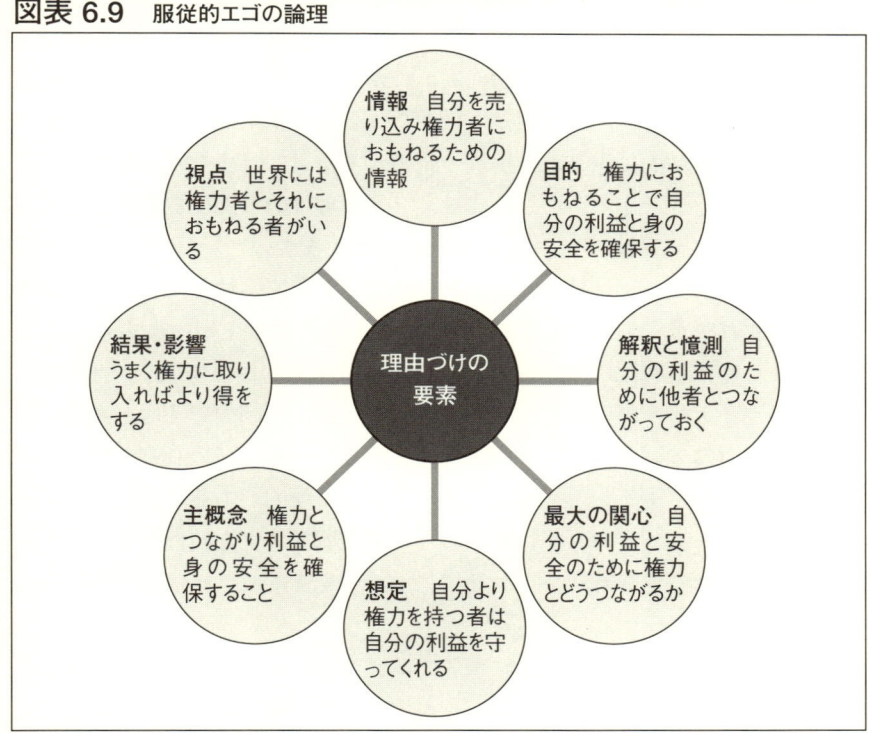

CHAPTER *6*
非理性的な傾向を克服する

図表 6.9　服従的エゴの論理

- 理由づけの要素
  - 情報　自分を売り込み権力者におもねるための情報
  - 視点　世界には権力者とそれにおもねる者がいる
  - 目的　権力におもねることで自分の利益と身の安全を確保する
  - 結果・影響　うまく権力に取り入ればより得をする
  - 解釈と憶測　自分の利益のために他者とつながっておく
  - 主概念　権力とつながり利益と身の安全を確保すること
  - 最大の関心　自分の利益と安全のために権力とどうつながるか
  - 想定　自分より権力を持つ者は自分の利益を守ってくれる

同時にそれは自分にも内緒にしておかねばなりません。なぜなら、もし自分の服従的エゴを意識的に認めたなら、心が平静ではいられないからです。

　日常生活の中で見られる服従的エゴは枚挙にいとまがありません。たとえば10代の女性は心の中では「つりは退屈だ」と思っていても、ボーイフレンドに気に入られるため「楽しい」というふりをします。かっこいい彼氏を持ったり、彼に気に入られたり、安定した関係を得るといった特別な目的を手に入れるために、彼の望みや意思に服従するのです。最初は喜んでつりに行っていても、長期にわたってそれが続くとだんだん腹立たしくなってきます。

服従的エゴの方略の裏に隠れる不誠実さのため、往々にして憤慨が湧き起こってきます。

　上で述べた若い女性のように服従的エゴが思考パターンにある場合、面倒を見てもらえるから、働く必要がないから、贅沢な生活ができるから、といった理由から経済的に恵まれた男性と結婚するかもしれません。彼を愛していると思い込もうとするかもしれません。彼と理性的な関係を結んでいないので、2人の関係は破綻する可能性が高いと言えます。

　同じようなパターンは社会グループでも見られます。社会間で権力構造があり、いずれかが支配的で、またいずれかが服従的役割を担います。

　ほとんどの人は状況によって両方の役割を担うかもしれません。ドイツのナチというイデオロギーがその最たる例です。その体制の中でほとんどすべての人が両方のエゴを持たなければなりませんでした。階級制度が自分より上のものに従順であること、そして下のものに支配的であることを要求しました。ヒトラーより上の人がいなかったので、服従エゴを持たなくてよかったのは彼だけでした。有無を言わせず、上が下を支配し、下は上に服従する体制だったのです。

　人間の文化に見られるイデオロギーでは、ファシスト社会に見られるよりももっと理性的なものが公には示されます。しかしながら、どんな社会でも公のイデオロギーには現実よりも見せかけの部分が多いのです。すべての社会には階層があり、それは権力階級構造をつくっているので、支配的エゴと服従的エゴが奨励されると言っても過言ではないでしょう。

　階級は職場でも見られます。上司に服従的に振る舞うことを強制されているように感じ、気に入られたり、仕事が回ってきたり、昇進できるよう上司に支配されることに甘んじます。

　このように服従的エゴは策略と巧みな自己欺瞞を通して安全、有利、満足を獲得するのです。従順、奴隷的、遠慮、黙従といった振舞いで自分の目的を達成します（これらはそのままの形ではなく、大いに変装して現れますが）。有利さを得、嘘っぱちの自尊感情を得るために、それはほかの人の意思に降伏し、平伏し、屈し、譲り続けるのです。

CHAPTER 6
非理性的な傾向を克服する

　上司に平伏しているという感情を自分が持たないように、「上司の見解を支持する」と言い訳します。この場合、「別に強制されたわけではなく、上司の意見に同意しているのだ」というように、服従的エゴはいとも簡単な形で表れます。
　服従的エゴはうまくいっている限り満足、幸福、充足、喜びといったポジティブな感情を伴いますが、目的が達成されないと苦渋、憤慨、敵意、悪意、意地悪、報復、反感、嫌悪といったネガティブな感情に変わります。さらに状況によっては失敗感が不安定、恐れ、無力感、落胆、不安を引き起こすことがあります。
　服従的エゴがうまくいかないと、支配的エゴの場合以上に自責の念にかられ、自分も苦痛を感じますが、ほかの人にも同様に苦痛を与えてしまいます。利己的な感情は利己的思考を映し出す鏡だと言えます。
　決断はすべて夫がするものと決め込んでいるある妻を例に挙げてみましょう。ある時、急に夫が妻に何かを自分で決めるように言ったら、妻はそれに従うでしょうが、憤慨すると思います。

　なぜ私がこんなことしなきゃあならないの？　彼がすることなのに……いつも嫌なことは私に押しつけるんだから……私のこと何だと思っているのかしら……

彼女は上のような否定的感情を持つのですが、ある意味ではそれを楽しんでいるようにも見えます。
　「このように自責の念に駆られると、服従的エゴは悪感情として正当化され、ある種の不健康な楽しみに浸ります。否定的な感情の裏には必ずその根拠があるものです」。
　服従的エゴは支配的エゴの強い人とうまくいく場合がよくあります。亭主関白の夫と従順な妻のケースがそれです。家事一切は妻が担う代わりに、夫は外で得た収入で妻を養います。時折、妻は夫の支配に憤慨しますが、この取引を理解し、受け入れています。ほかの男性とはこれ以上うまくはいかな

いだろう、と妻は自分を納得させ、望む安定が手に入るのだから、と夫の支配的振舞いにも我慢しているのです。

　このように服従的エゴは望みがかなえられていると感じる限り、ゆがんだ形の「成功」を経験します。暴言を浴びせるマネージャーに昇進を狙ってへつらう従業員のことを考えてみましょう。マネージャーがその従業員の面倒をよく見てくれたり、昇進をかなえてくれたりしている間は従業員も肯定的な感情をマネージャーに持っていますが、いったん、それがなくなるとがっかりし、へつらってきたことへの怒りを感じます。機会があればほかの上司に鞍替えすることもあり得るのです。

　服従的エゴは無意識に起こる劣等感に操られています。相手の要望や意思に服従することは自分の方が相手より劣っていると思っているからであり、そうでなければ自分で納得できないでしょう。次に挙げるのは無意識に湧き起こる支配的エゴの思い込みです。

・この状況や決断に賛成できないけれど、従わなければならない。受け入れられるためには……
・自分の望みをかなえるためには自分より権力がある人に服従しなければならない。
・自分はあまり頭がよくないから自分の代わりに考えてくれる人に頼らなければならない。
・自分には権力がないから、自分の望みのためにはほかの人に付くという方略を使わなければならない。

　自己中心的な思考すべてに言えることは、意識されていないということです。自己欺瞞です。そうでなければ不合理でおかしいとすぐ気づくはずです。最初に挙げたものを見てみましょう。「この状況や決断に賛成できないけれど、従わなければならない。受け入れられるためには……」。これに平行して付随する意識は「自分で決断を下すには状況が十分わかっていない。これが正し

CHAPTER 6
非理性的な傾向を克服する

い決断かどうか確信が持てないけれど、ほかの人の方が自分より良い決断をすることは確かだ」です。このロジックでいくとこの人は自分を偽ってその決断に従おうとし、同意を装い、受け入れられることを期待しています。

服従的エゴは理性に基づいた関係を築くために障害になるだけでなく、理性的思考の発達を妨げます。次に挙げるような数々の自己防衛の信念がそうです。

・自分は頭が悪いから、だからわからない。
・質問したら人から無能と思われる。
・ほかの人ほど賢くない。
・どんなにがんばってみても今よりよくはならない。
・絶対できない。
・やってみても無駄。

このように服従的エゴは支配的エゴと同じように理性の発達を大きく阻害します。自力でできる時でも常にほかの人の助けをあてにします。学習の場で失敗した時や、しそうになった時、フラストレーションや不安、さらに鬱さえも経験します。支配的エゴが「もう知っている」と思い込むのに対し、服従的エゴは「できない」と信じ込みます。

6.8, 6.9 自分で考えてみよう

あなたの利己的服従度をチェック

友達、家族、同僚などとのやりとりを思い出して、次の文章を完成させてください。

1. 次のような状況の時、一番服従エゴに陥ります。

2. 服従的行為の例を挙げてみると……

3. 次のような方略を使って、自分の服従を成功に導きます。またうまくいかなかった時、次のような方略を使いました。

4. 自分の服従的な行為が問題を引き起こします。なぜなら……

あなたは支配的エゴ派？　それとも服従的エゴ派？

　友達、家族、同僚などとの典型的やりとりを考えてみて、あなたは利己的になる状況で支配的になる傾向がありますか？　服従的傾向がありますか？　支配的、または服従的に振る舞ったほかの人が問題を起こした例など覚えていますか？

回答例　6.8、6.9
1. 自分の希望を通す時。
2. 私は家で犬を飼いたくて、それを両親に言うと、自分の部屋もかたづけられないのに犬の世話などできないと言われました。
3. 私はどうしても飼いたかったので、ここで両親に「反対」の気持ちを持たれるより従っておいて部屋をきれいにし、もう一度頼む方がよいと考えました。そして部屋をきれいにし、両親の許可を得ました。
4. この件では部屋が汚いことは自ら認められたので問題ありませんでしたが、いやいや従わなければならない状況ではこちらに不満が残ると思います。

知性の病的傾向

　人間の知性に自然にはびこる病的な傾向を見ていきましょう。それは思考力をつけるのに大切な作業であり、クリティカル・シンキングのプロセスにおいて正していかなければならないものです。自分に当てはまる傾向はない

CHAPTER *6*
非理性的な傾向を克服する

かどうか考えながら読んでください（自分には全然当てはまらない！　と言っているあなた、再考が必要です）。

・自己中心的記憶：自分の考えを支持しない証拠や情報を忘れてしまい、支持するものだけを覚えておく傾向。

・自己中心的近視眼：非常に狭い視野で物事を見る傾向。

・自己中心的公正：自分は真実を知っているという自信で優越感を持つ傾向。

・自己中心的偽善：自己矛盾を無視する傾向。たとえば言うことと行動が一致していなかったり、自分に当てはめる基準と他の人に期待する基準が違うような場合。

・自己中心的過度簡略化：自分の価値観や信念を変えるのが嫌で、世の中の重要で複雑な問題を過度に簡略化してしまう傾向。

・自己中心的盲目：自分の価値観や信念に矛盾する事実や証拠に気づかない傾向。

・自己中心的即時性：今の感情や経験を過剰に一般化し、ある事がうまくいっている、いっていないで、人生全体のそれに結びつける傾向。

・自己中心的な不合理：それが与える不合理な影響が考えられない傾向。

知性の病的傾向に挑戦する

　人間の知性が病的な傾向を持っていることを抽象的に知るだけでは十分とは言えません。クリティカル・シンカーとしては、それを修正する具体的な

行動をとらねばなりません。そのためには具体例を見つける習慣を持つことです。きっと終わりのない長期的な取組みになるでしょう。ちょうどタマネギを一枚ずつはがしていくような作業です。一枚はがしてもまたその下には新しい皮があるし、ある意味で新しい皮を見つけるために古い皮を剥がさなければならないのです。次に挙げる忠告は誰にもすぐに当てはまるものではないかもしれません。しかし長期的なゴールへ到達するための方略だと思ってください。修正は慎重に、こつこつ、おこなってください。

自己中心的記憶

　自分の考えを支持しない証拠や情報を「忘れて」しまい、支持するものだけを「覚えて」おき、明らかにそれだけに関心を持つ傾向は修正することができます。もしその証拠が見つからないとすれば十分なサーチができていないからだと思ってください。

自己中心的近視眼

　非常に狭い視野で物事を見る傾向を修正することができます。たとえば政治的に革新的な考えを持っていたら、保守的な考えの本を読むことです。逆ももちろん然りです。皆さんが日本に住んでいるならば、南北アメリカやヨーロッパ、アジア、中東、アフリカの人の見解を学ぶことができます。その過程でもし偏見を見つけられないとしたら、善意を持って自分の偏見を探す努力が足りないのかもしれません。

自己中心的公正

　実際知っていることがいかに少ないかを自覚することで「自分が真実を知っているという自信で優越感を持つ傾向」を修正することができます。自分の周りにある答えのない質問は何でしょうか？　もし自分が知っていることより知らないことの方が多いと気づけなかったら、自分の姿勢を疑ってみてください。

CHAPTER 6
非理性的な傾向を克服する

自己中心的偽善
　たとえば言うことと行動が一致していなかったり、自分に当てはめる基準とほかの人に期待する基準が違うような自己矛盾を無視する傾向は修正できます。自分に対する基準と他の人に対する基準を常に比べてください。見つけられないということはないはずです。

自己中心的過度簡略化
　自分の価値観や信念を変えるのが嫌で世の中の重要で複雑な問題を過度に簡略化してしまう傾向を修正できます。もし重要事項を過度に簡略している例が挙げられないとすれば真にその問題と向き合っているか自問してください。

自己中心的盲目
　自分の価値観や信念に矛盾する事実や証拠に気づかない傾向は事実や証拠を明らかにすることで修正できます。その過程でとても嫌な思いをしなかったとしたら自分が真剣にその事実と向き合っているか自問してください。もし自分の考えが最初から正しいという結論に達したら、さらに洗練された自己欺瞞に陥ってしまったのです。

自己中心的即時性
　今の感情や経験を過剰一般化する傾向は、より大きな視野からよいこと、悪いことを見ることで修正できます。悪いことが起きればよいことも起きているではないか、また、よいことが起きれば、まだしなければならないこと、残された問題点に関心を向けましょう。船を平衡に保つのは自分だ、ということを覚えておいてください。状況にしばられたら駄目になってしまいます。

自己中心的不合理
　不合理がもたらす影響を明らかにし、現実に照らし合わせて評価することでその傾向を修正できます。自分の思い込みと影響がどんな行動を引き起

しているか常にチェックしなければなりません。たとえば「これを心から信じるのならどう行動するだろうか？　本当にそうするだろうか？」と。個人の倫理観は自己中心的な不合理性から抜け出るチャンスを与えます。もし十分考えたあとでも自分の生活に微塵も不合理なところがないと思ったら、もう一度考えてください。自分を騙すのが少し上手になっただけかもしれません。

まとめ

　人間の知性はほかの人に対して支配的になったり、服従的になったりして非理性的になる傾向にあります。しかし自己認識によって理性的になることもできるのです。私達は皆、偽善的になったり、矛盾したりしがちであるにもかかわらず、少しずつ、少しずつ修正していくことができます。知的傲慢さ（intellectual arrogance）の傾向に立ち向かうため、知的謙虚さ（intellectual humility）を養いましょう。また、実際何の根拠もない思い込みを無批判に受け入れないように、絶えず自分の「知っていること」に疑問を投げかけましょう。

　さらにほかの人の視点に立てるよう努力し、自分の視点にとらわれることを防ぎましょう。自分達の出す結論に妥当性と健全性があるか確かめる方法を学ぶことで、結論に飛びつくことが避けられるでしょう。支配的エゴと服従的エゴをどのように認識し、克服するかをこの章で学びました。両方のエゴがなぜ問題なのかがわかったと思います。それらのエゴに陥らないようにするほかの方法も考えてください。自分を分析し、批評することで少しずつ自己中心性を克服する道を切り開いてください。

CHAPTER 7

第7章
方略的思考

　方略的(strategic)思考をするためには2つの段階を踏まなければなりません。1つは知性の機能の原則を理解することで、もう1つはその理解を方略的に使って私たち自身が変わることです。理解をもとに、そこから自己を変えていくことこそが方略的思考と言えます。第7章では重要な原則の理解と自己変革へつながる方略(strategy)に焦点を当てましょう。

方略的思考を理解し、使う

　私達の知性は、考える、感じる、望む、という3つの機能を持っていて相互に関係し合っています。その1つを変えることで他の2つも自ずから変わります。たとえば自分がばかにされたと**考え**たら、相手に恨みを**感じ**、その屈辱に仕返しをしたいと**望み**ます。

　同様に考えていくと、たとえば悲しいと**感じ**ているとしたら、何か大切なものを失ったと**考え**ているからです。もし理性的でない感情や望みを抱いているとしたら、原則的に言えばそれを生み出す非理性的な考えを持っていると言えるのです。

　非理性的な考えに気づくことができたら、それをもっと理性的な考えに変えようと努力もできるし、感じ方や願望も変わってきます。

　次のような場合を想像してみましょう。あなたは失恋をし、今は別の相手と付き合っています。その昔の恋人が自分の親友と付き合っていることを最近知りました。あなたは激しい嫉妬にかられ、親友のところへどなりこんでいきたい思いになりました。あなたの非理性的な考えは次のようなものです。

　　彼女（昔の恋人）が誰と付き合うかを決めるのは今でも僕だ。僕が望まないのに親友が彼女と付き合うなんて間違っている。彼女との関係はもう終わっているけれど、まだ僕は彼女をコントロールできる。今でも自分のものだと思っているから……親友は僕を怒らすようなことをする権利などない。そんなことをしたら僕がどう感じるか気づくべきだし、僕の感情がすべてに優先されるべきだ。親友のどんなところに彼女は惹かれたんだ？　別の人を見つければいいじゃあないか……もし彼が僕の本当の親友なら、僕の気持ちを優先すべきだ。

　上に述べた考えはほとんど無意識のものです。意識していない考えを意識するには、まず、「非理性的な感情の裏には非理性的な思考プロセスがある」と気づくことです。このケースの場合、自分が体験している感情をはっきり

CHAPTER 7
方略的思考

つかみ、どんな考えがそんな感情を生んだのかを探し当てると、親友に向けられた訳のわからない嫉妬や怒りをたきつける無意識の考えを割り出すことができるでしょう。

　たいていの場合、自分の思考が自己中心的で子どもじみていることに気づくでしょう。心の裏に隠れている考えが否定的な感情を生む原因になっています。もしあなたが自分の感情や振舞いを操作している非理性的な考えに気づくことができれば、それらを変えることができるのです。

　つまり上のようなケースでは、自分の考え方がいかに非理性的か、また自己中心的か、じっくり調べ、分析することでわかってきます。その後、方略的思考を使って下に示すような理性的な考えへと変えていくことができます。

　　ちょっと待て──親友と僕の昔の彼女が付き合って何が悪いんだ？　僕はもう新しい人と付き合っている。2人が付き合ってもいいじゃあないか。新しい人と付き合う前に彼女が僕に相談する義務などない。もし本当に昔の恋人を大切に思っているのなら2人がうまくいくことを願うべきだ。もしこれが逆のケースだったらどうなんだ？

　訳のわからない嫉妬に駆られるたびに、上のように前向きで理性的な感情や願望に達するまで何度も何度も考えてください。でも私達は自分では気づかない根強く本能的な考えや感情、願望も持っています。だから非理性さを完全に取り去ろうなどとしないでください。むしろ、自分の非理性的な考えをはっきりさせることで、理性と分別を持ってそれと戦うのです。私達が非理性的な感情や願望を克服する方法を学んだら、より健康な感情や願望の持ち主になれます。

　さて次に上の例をもとに、理解から方略へ、さらに方略から改善へとたどる道を見てみましょう。

理解：人間の知性は思考する、感情を持つ、願望するという互いに関係し合う3つの機能を持っている。

方略：非理性的な感情や願望を抱いてしまった時は、いつも、それを生んだ非理性的な考えを見つけ出してください。それからその状況で理性的な考えとは何か、見つけてください。最後に次のフォーマットを使って、理性的な考えかどうか繰り返しチェックしてください。

1. どんな感情か、願望か、はっきり表現してみる。
2. 1.に結びついた非理性的な考えを割り出す。
3. 非理性的な考えを理性的なもの、すなわち、その状況の中で理にかなったものにする方法を見つけ出す。
4. ネガティブな感情に駆られるたびに3.で見つけ出した理性的な考えを自分に向かって発信する。

　上記のようにして自分の考えを改善していってほしいと思います。簡単で苦痛を伴なわない人生を送るための公式などありません。あなただけでなく皆、不完全な思考と格闘しています。皆、もっと理性的で公正な心の持ち主になろうと努力しています。その気持ちが大切だと思います。

　自分を高め、思考を深めることはこれまでに身についてしまった習慣を変えていくことです。理性の持ち主としての自分の成長に責任を持つことです。方略的思考を学ぶことは一生涯の習慣になります。衝動的でひとりよがりで無意識に自己中心的になる私達の思考を方略的思考は変えてくれます。

　「内省」(self-reflection)を生涯の習慣にしたいと思いませんか？「方略的思考」ができる人になりたいと思いませんか？　自分の心の奥に潜む非理性的な考えや感情や願望を見つけ出し、他人の気持ちがわかる人になりたいと思いませんか？　もしそうなら、この章はきっと役に立つと思います。具体的な方略的思考に移る前に追加したい要素が2つあります。

1. いつ自分の考えが非理性的に傾いたり、揺れたりするかを知ること。
2. 自分の心に正直に行動すること。そのためには現状を把握し、行動のオプション、その正当性、自分の非理性さを静める方法を知らなければなりません。

CHAPTER 7
方略的思考

7.1　自分で考えてみよう

方略的思考を試してみる

　日常生活の中で非理性的だと思われる自分の考えを見つけ出してください。もし難しければ、とても嫌な気分になったときのことを思い出して、次の質問に答えてみてください。

1. 実際その状況で何が起こっているのか詳しく説明してください。

2. あなたのとる行動にはどんなオプションがありますか？

3. どのオプションが一番よいと思えますか？　どうしてそう思うのですか？　その他の行動を思いつくことができますか？

4. 同じ状況に再びなった時、自分がとる行動を思い浮かべてください。このタスクが難しすぎるなら次のページの例を参照してください。

回答例
1. 6カ月前、静かな住宅街に若夫婦が引っ越してきました。夫はオートバイ通勤で毎夜帰宅が遅く、近隣の住民は騒音で安眠を妨害されています。どうやらそのオートバイは改造されているようで、普通のオートバイの音とは少し違って、耳につきます。どうにかしてほしいとの声が方々から出始めました。
2. 迷惑していることを直接伝える・若夫婦と親しい人に伝えてもらう・メモで伝える・もう少し様子を見る。
3. メモで伝えるのが一番よいと思う。今後の近所付き合いを考えると名乗り出たくないから。
4. 結果的には大多数の人がメモはよくないという意見だった。そこで若夫婦と親しい友人がそれとなく注意する形になったのだが、効果がなかった。同じ状況に再びなった時は迷惑を被っている人が直接、はっきり状況を説明し、相手に理解してもらった上で、改善してもらうのが一番よいと思う。

方略的思考の基礎

　次にクリティカル・シンキングの基本的な概念、原則、理論に従って考えてみましょう。その後、原則の応用としての方略的思考の例を挙げてみましょう。どのケースでもまず鍵となる考えからスタートします。その後、それをもとに方略を探ることにします。まずはこの章の最初に挙げたような形式的なアプローチから始めましょう。

KEY IDEA #1：思考、感情、願望は互いに関連し合っている

方略

　思考、感情、願望の3つが互いに関連し合っていることを理解し、いつも自分の感情に気づき、評価できなければなりません。たとえばもし自分で無分別だと思うような怒りを感じたら、その怒りが理性的かそうでないか、自分で決めることができなければなりません。誰かが本当に自分に悪意を働いたのか、それとも自分が状況の把握を間違っているのか？　その悪意は故意か、それとも偶然か？　自分の見方とは違う見方はないか？　違う見方に公平に耳を傾けているだろうか？　このように自問することで状況を理性的に見ることに近づいていきます。

　たとえ自分の見方が正しく、自分の怒りにちゃんとした理由がある場合でも、全体から眺めるとその行動が理性的であるとは必ずしも言えません。怒る理由があろうとも、その結果として非理性的な行動が正当化されるわけではありません。

　この方略をまとめてみましょう。
1. 自分の経験の中で、非理性的だったな、と思われる感情を見つけてくだ

さい（焦燥、憤慨、傲慢、落胆など）。
2. どんな考えがその感情を引き起こしたのですか。複数の考えが出るかもしれません。一番強い感情は何ですか。
3. どの程度にまで、その思考が理性的であるか、その思考を正当化する理由に注意してください。その理由は本当の理由ではない可能性がありますか。ほかに思い当たる動機はありませんか。違った状況の見方はありませんか。
4. もしその感情が非理性的だと結論づけたら、なぜそう思うのかはっきり述べてください。
5. 理性的な反応について考え、自分の非理性的な考えを打ち破ってください。そして行動してみてください。

たとえば不治の病に関する記事を読んだとします。そこに書かれている症状を読むうちに、自分はおそらくその病気にかかっているという結論に至り、すっかり落ち込んでしまいました。もうすぐ死ぬかもしれない、などと考えていると、昨晩はますます落ち込んでしまいました。明らかに自分が落ち込んでいる感情は非理性的です。医者に診せてもいないのに自分がその病気などと、どうして言えるのでしょう。心の中はこうです。

> 記事に書かれていることが全部自分に当てはまった。自分は絶対この病気にかかっている。もう長くないかもしれない。もう何もかも終わりだ。何でこんな目に遭わなきゃならないんだ……

同じ状況でも理性的に考えたらこうなるでしょう。

> 記事に書かれている症状を読んだら確かに自分はこの病気かもしれないけど、ほかの病気でも同じ症状が出る場合だってある。どんな時でもすぐ結論に飛びつくのは間違っている。念のために医者に診てもらおう。それまでは不確かなことで気を病むより、ほかのことに集中しよう。

記事が気になるたびに理性的な考えを思い出して次のように自分に言い聞かせます。

　おい、結論を急ぐな。月曜日には病院へ行くんだろ。不必要に悩むな。この症状になる病気はいっぱいあるはずだ。落ち着け。マザーグースにあるだろう。「この世の問題にはみんな解決法が1つあるか、全然ないかのどちらかだ。あるなら見つけ出せ。ないなら気にしないことだ」と。不必要に惨めになったり、不愉快になったりするな。午後、テニスでもしようかな。今晩、映画でも観ようか。

自分で考えてみよう　　　　　　　　　　　　　　　　　7.2

考えること、感じること、望むことのつながりに焦点を当てる

　自分の心に現れる否定的な感情に焦点を当て、上記の5つの方略に照らし合わせて答えを書いてみてください。同じアプローチが非理性的な願望や動機に裏づけられた非理性的な行為を変えるために使えます。

1. 自分や他人のトラブルの原因になった行為を見つけてください。

2. その行為に導いた考えをはっきりさせてください。どのような考えがこの行動をさせたのでしょう。

3. 上記の考えはどの程度、正当化されるか、周りの情報をいっさい変えないで分析してください。

4. もし自分の考えが非理性的ならば、その状況下で理性的だと思われる考えを見つけてください。

5. 実際に無分別な考えを克服してください。

CHAPTER 7
方略的思考

　ここで例を挙げてみましょう。悪い習慣を変えるのは苦痛なのでなかなか止められないものです。非理性的な考えがどのように生まれるか見てみましょう。

1. 止めたいと思いながらも続けている悪習慣があります。喫煙やアルコールの飲みすぎ、不健康な食物のとりすぎ、運動不足、テレビの見すぎ、浪費、試験直前まで始めない勉強などです。
2. 「止めよう」と決心します。
3. 少しの間なら止めることができます。しかしその間、苦痛や不快を経験します。それが私達の気分を落ち込ませ、結果的にあきらめてしまうのです。

　非理性的な感情は苦痛や不快の感覚ではありません。それは始めからわかっていることです。不快さがもたらす落胆が止めようとする決心を揺るがすのです。おそらく無意識でしょうが、次のような感情ではないでしょうか。

　　たとえ長い間続けてきた習癖であっても苦痛を伴なわないで変えることができるはずだ。この苦しみはひどすぎる。これには耐えられない。それに習癖をなおすことが本当によいことかどうかもわからない。こんなに苦しい思いをしているのに進歩もそれほど見られない。もう止めた！　無意味だ。

　上のように考えるのは間違っています。習癖を変えるのに苦痛を感じないなんてあるでしょうか？　苦痛は習癖を絶つプロセスで必ず体験する副産物なのです。次のように理性的に考えたらどうでしょうか。

　　悪習慣を絶つ時、不愉快な思いや苦痛を味わうことは当然だ。誰だって習癖から抜け出すのは大変なことだ。だから必要な苦しみと割り切っていこう。もしその苦しみを積極的に受け止めようと思わないのなら、自分は本気で習癖から抜け出そうとは思っていないんだ。苦しみがないことを願うより、む

207

しろ、それを変化の兆候と見なそう。「なぜこんな苦しみを味あわなければならないのだ？」と考えるのではなく「耐えることは成功に支払う代価だ」と考えよう。苦痛なくして得るものなし！

KEY IDEA #2：すべてにロジックがある

　クリティカルに物事を考える人は頭の中で納得できる意味体系づくりをおこないます。学校の教科にもロジックがあり、問題にも、状況にも、個人的な行動にもロジックがあります。明白なロジックもあれば隠されたロジックもあります。戦争、平和、攻撃、守備にもロジックがあります。政治的、社会的、組織的、文化的なロジックもあるのです。

　人間の精神状態にも、権力や支配にも、集団の説得や宣伝や操作にもロジックがあるのです。社会的慣習、倫理的概念や原則にもロジックがあります。理論的、生物的、精神的なロジックもあります。病気に関する病理ロジックもあります。どんなロジックでもクリティカルに対応すれば見つけ出せます。

　基本的なロジックを見つけるためには思考の原理を使う訓練がいります。そうすることで私達はしっかり物事を見る目を養うことができます。ここでは主として個人の生活上のロジックに着目します。

　どんな状況においても、複数の意味体系が存在します。クリティカルに物事を考えるために、なぜ友人や親、先生、上司があなたにそのように接するのか、そのプロセスを見てみましょう。誰でも自分が置かれた状況下で納得いくために少なくとも8つの原則を使います。その原則を見つけることができれば他者をよりよく理解することができます。

—人は達成したい目標を持っている。
—人は目標に関連した問題を抱えている。
—人は情報を自分の都合のよいようにとらえる。
—人は情報をもとに結論を出すが、結論はロジカルな時も、そうでない時もある。
—人はある事柄を当然のものとしてとらえる。（想定）

CHAPTER 7
方略的思考

―自分の思考の中に中心となる考え、概念がある。
―人は物事を客観的に見る枠組みや見解の中で考える。
―思考の結果が及ぼす影響がある。

　世界で起きていることだけでなく、人間の心の中にも常にロジックがあると想定することで私達は勇気づけられ、より理解しようという気になります。表面的な説明に疑問を持ち、もっと深い説明をしてほしいと願います。相手のゴール、目標、問題の定義づけ、想定、意見を支持する情報、結論、思考のもとにある概念、影響、見解等に関して疑問を持ちます。他者のロジックに疑問を持つだけでなく自分自身の思考のロジックにも疑問を持ちます。

方略

　「すべてのことにロジックがある」とわかれば自分の置かれた状況をそのロジックを通して見ることができます。自分の目的や目標に合わせていろいろ応用することができます。相手の考えているロジックを知ることに焦点を当て、心の声を探ることにしましょう。

1. 目標、目的を疑ってみる。

　この人（このグループあるいは自分自身）の一番の目的は何だろうか。思考上の問題は目標自体が間違っていることが多い。自分の目標や目的を変えていく力をつけなければならない。自分の目的、他者の目的、代替の目的についてはっきりさせなければならない。常に自分やほかの人の目的に疑問を持つ姿勢がいる。

2. 疑問点の枠組み、問題の取り上げ方や表現の仕方を疑ってみる。

　この状況で取り上げなければならない事柄は何か。自分の一番の疑問は何か。もし問題が間違って把握されていたら解決には至らない。もし自分が疑問を誤解していたら答えは見つけられない。さらに言えることは、きちんと片付かないうちにほかの疑問へと手を広げない方がよい。

3. 情報やその源を疑ってみる。

　現状を理解するのにはどんな情報が必要だろうか。どこで入手できるのだろう。それは正しい情報だろうか。どうしたら正しさを確かめられるだろう。ほかの人はどんな情報を使っているのだろう。この件に関係した情報だろうか。正しい情報が十分なければ説得はできないし、問題も解決できない。

4. 解釈や結論を疑ってみる。

　この場合どんな解釈、判断、結論が重要だろうか。どんな結論を導こうとしているのか。状況を解釈するのは1つだけではないはずだ。決断を下す前に賛否両論を考慮し、広く考える力を持たなければならない。ほかの人が出そうとしている結論の質もわかるようになりたい。

5. 想定（assumption）を疑ってみる。

　当然のこととしてとらえられている事は何だろう。それは理にかなっているだろうか。この状況での正しい想定とは何だろう。ほとんど無意識のうちに想定するので、それが何か言い当てるのは難しい。自分の想定が間違っていれば正せるようになりたいし、ほかの人の想定も正しく評価できるようになりたい。

6. 概念（concept）を疑ってみる。

　どんな概念が使われているか。この考え方が及ぼす影響は何か。今の状況で重要な概念は何か。思考がなされるとき必ず概念が使われる。自分自身、また、ほかの人によってどのように概念が使われるか意識しなければならない。

7. 見地を疑ってみる。

　どのような見地が考えられるだろうか。自分が見落としてきた見地はないだろうか。よい思考は複数の視点を常に考慮している。人間はどんな時に別の見地に立ちたがらないのか。

CHAPTER 7
方略的思考

8. 結果を疑ってみる。

　自分の論法が生んだよい結果、悪い結果の両方を考えよう。もし自分が別の決断をしていたら、どんな結果になっただろう。自分の決断だけでなく他人の決断をも疑問視しよう。

　眠ったり、ガーデニングをしたり、散歩をしたり、自然に親しんだり、冗談を言ったり、音楽や読書を楽しんだりするような小さな喜びが幸せの鍵だ。世界を変えようなどと、どんなにがんばってみても大したことはできない。上部は堕落し、権力で人々を痛めつける。大衆は怠惰で無責任だ。他人のことなど放っておけ。噂話をするな。他人の所有するものを気に病むな。不正を気にするな。悪いことをしたら結局は罰が下って苦しむことになるんだ。あるがままを受け入れよう。まじめすぎたらだめだ。楽観的になれ。喧嘩をするな。仕事を一生懸命やれ。友人は大切だ。助けてあげたら困った時助けてもらえる。

　上記の人に社会、政治的、モラル的なものを要求しても無理です。もし、この人の基本的なロジックをあなたが理解していたら、返答がいつも「市議会と戦うなんてできないし、気にしないことね。関わりになったら損」であることもわかるのです。この思考のロジックからの影響はポジティブ、ネガティブ両方あります。ポジティブな面としては、この人は自分の生活をほかの人よりずっと楽しめることです。というのは、ほとんどの人がとるに足りないと見なすような小さな日常の出来事を喜びの対象とし続けられるからです。たとえば窓越しに木々の間の小鳥を見て心が温かくなったりします。反面、自分に直接関係のない事には全然、倫理的責任を感じません。自分がコントロールできない他人の運命には無関心でいるロジックです。読書といえば娯楽小説ばかりかもしれません。

　ここでちょっとまとめてみましょう。
1. この人の目標、目的は自分の生活を楽しむことであり、痛みを伴うことには関わりを持たないことです。前半はまだしも、後半部分がちょっ

と気になります。自分に不正がなされた時、他人の助けを期待するのなら反対の立場の時、他人に手を差し伸べるべきではないでしょうか。
2. 「どうすれば日々の生活の中で小さな幸せが最大限得られ、自分の家族に直接関係のない問題を避けて通れるか」が、この人の関心事や問いかけです。
3. この人が使う情報は日常生活に関係あることだけで、それ自体何ら悪いことではありません。しかし少しでも世の中をよくするためにがんばっている人達や援助を必要としている人々についての情報を知ろうという姿勢は持てないのでしょうか。
4. この人が使う想定は次のようなものです。「小さな幸せは誰でも手に入れることができ、社会的に評価が高い所有物より大切である。権力がものをいう社会では何も大きく変えることなどできない。自分の家族だけを守れたらいい」。1つ目はともかく、2つ目は間違っています。確かに権力構造は変わりにくいけれども、不可能ではありません。献身や努力が実を結んだ例はいくらでもあります。3つ目の想定に関して言うと、この人は自分が困った時、家族以外の人の援助を無意識に期待しています。「自分に対して何か不正なことが起きたら、誰かがきっと助けてくれる。正義を得る権利があるんだから」と。
5. この人が使っている概念は次のようなものです。「小さな喜びを楽しむことが最高の生き方。世の中を変えるなんてできない。非倫理的なことをした人には天罰が下る」。1つ目はいいとしても、2つ目、3つ目は非論理的です。実際、改善に向けて日々努力がなされているし、罪のない人を苦しめても平然と生き続けている人が現実には大勢います。上記のような考えによって、この人は自分が社会問題に関わりたくないことを正当化しようとしているのです。
6. この人の結論は次のようです。「自分、家族、自分の好きなものだけに囲まれて、日常のささやかな喜びを感謝して過ごすのが一番幸せ」。この人の得る情報からだと、このような結論に達するのは当然です。不正を減らすために倫理的な義務感を感じるような情報を何ら得ていないか

CHAPTER 7
方略的思考

らです。
7. この人のものの見方は「日常は複雑ではなく、小さな喜びの連続である」「自分の家族にだけ倫理的義務を感じる」というものです。自分や自分の身内だけの殻に閉じこもった見解で、他人には全く無関心です。
8. この人の思考が及ぼす影響は、ささやかな喜びに感謝するが、社会的な貢献はゼロです。自分が住んでいる社会を少しでも人間的な場所にするために自分は何も貢献していない、ということに気づいていません。

7.3 自分で考えてみよう
他人の思考のロジックに焦点を当てる

皆さんがよく知っている人、たとえば親、兄弟、姉妹、会社の人や友達の思考のロジックを前の8つに当てはめて考えてみましょう。さまざまな状況の下で人間は裏の思惑（hidden agenda）を持って行動します。その結果、行動だけでは真意が推し量れないことがよくあります。その人のロジックがわかったら、評価してみましょう。次の文を完成しながら進めて下さい。

1. この人の主目的（目標）は……である。この目的を追求することは正しい（正しくない）と思う。
   なぜなら……だからだ。

2. この人の関心事、疑問は……である。
   私はそれを価値ある（ない）ことだと思う。なぜなら……
   だからだ。

3. 自分の目標追求にこの人が使っている情報は……である。この情報はこの人の思考で使うべき（べきでない）と思う。
   なぜなら……だからだ。

4. この人の思考で使われている想定は……である。この想定は正しい（正しくない）と思う。
   なぜなら……だからだ。

5. この人の使う思考概念は……である。この概念は正しく（間違って）使われている。
   なぜなら……だからだ。

6. この人の結論は……である。
   この結論はロジカルでない。
   なぜなら……だからだ。

7. この人の見解は……である。
   この人はほかの人の見解を十分考慮していない。
   なぜなら……だからだ。

8. この人の思考が及ぼす影響は……である。
   この人はそれを考えていないようだ。
   なぜなら……だからだ。

回答例
1. Tさんの目標はお金を貯めることである。この目的を追求するだけの人生は正しくないと思う。なぜならお金を貯めるのは何かほかの目標を達成するために必要なことで、目的自体にすべきではないと考えるからだ。
2. 貯蓄額を増やすことがこの人の関心事であり、いかにしたら少しでも貯金が増やせるか、が問いである。私はそれを価値のないことだと思う。なぜなら貯めたお金で人生を楽しんだり、ほかの目標を達成するために使ってこそ、貯金をする喜びもあると考えるからだ。
3. Tさんは妻の収入に関する情報を集めることに熱心だが、自分の収入の情報は妻にすらもらさない。
4. 「貯蓄額が多いほど幸せも大きい」とTさんは考えているが、この想定は正しくないと思う。なぜなら、たとえ貯金は増えて自分は幸せかもしれないが、Tさんの妻はどうだろうか。
5. Tさんは「貯金」という概念を間違って使っている。なぜなら家族みんなの幸せを考慮していないからだ。
6. 「貯金は家族に秘密にしてこそ楽しみなものである」という結論をTさんは出しているが、

CHAPTER 7
方略的思考

> これはロジカルではない。なぜならTさんの考えは非常に自己中心的だからだ。
> 7. 自分の貯金額は妻に知らせたくないが、妻のそれは知る権利が夫である自分にはある。
> 8. 妻に与えている屈辱感にTさんは気づいていない。なぜならTさんは家族みんなの気持ちより自分の願望を優先しているからだ。

KEY IDEA #3：質の高い思考のために評価を習慣づけよう

　理性的な人は自分の思考を改善したいと強く思っています。そのためにはただ考えるだけでなく、思考についてクリティカルにアプローチしなければなりません。そうすることによってより質の高い思考が身につくのです。以下はチェックの仕方です。

方略

―思考は明白か？
　自分の考えが自分の中ではっきりしているだろうか。明確、かつ緻密に述べることができるだろうか。自分の体験から例を引くことができるだろうか。比喩は思いつくか。自分に向けられた考えに関してはどうだろうか。相手の言おうとしていることに関して質問すべきか。もっと詳しく述べてもらったり、例を挙げてもらうべきだろうか。

―思考は詳しく説明されているか？
　ほかの人がよくわかるように十分な説明を自分はしているだろうか。

―思考は正確か？
　自分の使っている情報は正確か、確信が持てるか？　そうでなければどうしてチェックすればよいのだろう。

―思考は適切か？
　自分の言っていることは取り上げられている話題に合致しているか。自分

の発言は彼が今、言ったことに関連しているか。彼の疑問は現在我々が議論していることと関係があるか。

―思考はロジカルか？

自分の集めた情報からしてこの状況の下でどんな結論が一番ロジカルか。あるいはそれは複数あるロジカルな結論の1つだろうか。彼が言っていることがロジカルかどうかわからない。もっと的確な結論があるだろうか。この決断を下したら、どんなロジカルな影響があるだろう。

―思考は広いか？

結論を出す前に違う見地からこの問題を考えてみよう。

―思考は深いか？

この件の持つ複雑性は何だろう。表面的なものだけしか見ていないのではないか。どうすれば問題をもっと掘り下げることができるだろう。

―思考は正しいか？

彼の目的は正しいだろうか。この状況の下で自分の目的は正しいだろうか。あるいは事実関係からすると自己矛盾があったり、自滅的であったりしないだろうか。彼は用語をどのように使っているだろうか。拡大解釈してはいないだろうか。

自分で考えてみよう 7.4

質問の仕方

親や友人などに質問をして、その会話を録音してみましょう。「安楽死は倫理的に正しいか」「死刑は合法にすべきか」「教師は学生の思考技術を開拓すべきか」「生活を向上させるケータイ活用法とは？」など双方が興味を持つ複雑な問題を選んでください。

まずは広範な質問から始め、だんだん上記の項目に沿って進めてみてください（皆さんはよい質問をすることを学びつつあるので、やりとりが何かしらぎこちなく感じると思います）。終了後、自分の質問の仕方を上記に照らし合わせて分析してください。

CHAPTER 7
方略的思考

KEY IDEA #4：潜在的な自己中心性が邪魔をする

　人間の知性を理解するために私達はその二重性を認識しなければなりません。人間の心は非理性的に傾く傾向がある一方、本能的に理性をも求めます。それをうまく働かせるために次のような能力を育てなければなりません。(1) 自己中心的、非理性的に傾く心をモニターする。(2) 理性的な思考でそれを打ち破る。

　私達の非理性的な心は他者の権利やニーズに無関心です。決して倫理的ではありません。理性的な心は知性的であり倫理的な繊細さをも持っています。知性的な技術と公正さが合わさって思考となるのです。しかしながら理性的な心が高められなければ、本来私達が持っている自己中心性が頭をもたげてきます。自分でコントロールしなければコントロールされてしまうというわけです。

方略

　知識を使って自己中心的思考を克服することは可能です。人間の持つ自己中心性について知れば知るほど、自己の中にそれを認識し、乗り越えていけます。そのためには自分の思考のロジックを分析する習慣をつけなければなりません。以下の例のように方略と質問を使いながら、クリティカル・シンキングをする人間の内なる声を聞くのです。

1. **自分の目的や目標を分析できます。**
   自分は本当に状況を把握しているだろうか？　自分の目標は正しいか？　信念を持って行動しているか？　裏の思惑を持っているのだろうか？
2. **問題や事情の定義を疑問視することができます。**
   この件でこの疑問を持つこと正しいか？　バイアスはないか？　自分の都合がよいような問いをしてはいないか？　自分の個人的な利益のためだけの問いではないか？

3. **自分の思考のもととなる情報を評価できます。**
   どんな情報をもととしているのか？　正当なところから出た情報なのか？　違う情報源は必要なのか？　情報はすべて網羅できているか？　自分の立場を支援する情報だけに偏っていて、ほかを排除してはいないか？　それを知れば自分の見解を変えなければならなくなるという理由で、1部の情報をチェックすることを自己中心的に拒否してはいないか？
4. **自分の出した結論およびその波及を考え直すことができる。**
   自分の利益になるという理由で非理性的な結論を出そうとしていないか？　そうしたくない、そうすれば違った行動をしなければならないという理由で状況を理性的に見ようとしていないのではないか？
5. **思考に使っている概念を分析することができる。**
   自分の思考のもとにどのような概念を使っているか？　きちんと使っているか？　自分の利益を擁護するためにその言葉を使ってはいないだろうか？
6. **自分が当然だと思っていることに気づき、チェックできる。**
   自分が当然だと思っていることは何か？　自分の想定していることは理性的か？　偏ったり、自分に都合のよいような想定をしてはいないか？　たとえば、「みんな何時も自分にけちをつける」とか、「問題のない人生が最高」とか、「どうしようもない、自分は罠にはまったのだ」などと利己的な想定をしてはいないだろうか？　自分がほかの人に抱いている期待は理性的か？　ダブル・スタンダード（二重基準）ではないか？
7. **自分の見解を分析できる。**
   自分の利己的な視点を維持するために別の視点を考えることを拒否してはいないか？　ほかの人の視点を十分考慮しているか？　ほかの人の言っていることを、実際は聞きながしているだけではないのか？　別の視点からその状況を誠意を持って理解するよう努力しているだろうか？　議論に勝とうとしているだけではないのか？
8. **自分の思考が及ぼす波及を予測できる。**
   影響や起こり得る結末、自分の思考や行為について真摯に考えているの

CHAPTER 7
方略的思考

か？　ないがしろにしてはいないか？　知りたくない、また、もし知れば自分が考えていることの変更を余儀なくされるという理由から、考えることを避けてはいないか？
　さて、次のような状況を例に考えてみましょう。

　恋人と金曜日の夜レンタル・ビデオ店にいました。2人で見るビデオを探していました。彼女はラブストーリー、僕はアクションものが見たかったんです。僕は自分の見たい映画のほうがいい理由を全部挙げました。しかし今思うと彼女を自分の思いどおりにしたかったんだと思います。無意識にこう考えていました。「自分の見たいものを見るべきだ。ラブストーリーは好きじゃない。それにお金は僕が払うんだし、僕が選んで当然」。

1. この場合、自分の目的は「自分が映画を選んだ理由の方が彼女の理由よりいい」と彼女を説得することである。しかし今、自己中心的だったと気づいている。なぜなら自分の理由は少しも彼女のそれより、よくはないからだ。自分の思いどおりにしたかった、というのが本音だ。
2. 「自分が選んだ映画を借りることに彼女を合意（本当は操作だけれど）させるには、なんと言ったらよいのだろう」が自分の問いである。しかし今、自己中心的だったと気づいている。誰に対しても、とりわけ愛する人に対して、そんなことをすべきではないからだ。彼女の意向を全く無視していたことになる。
3. 自分が使った情報は「お金を払うのは自分だ」という事実と、効果的な操作の仕方である。後者はこれまで彼女と付き合ってきた経験から得たものである。たとえば僕が無理押しすればいつも彼女は妥協した。なぜなら僕を喜ばせるのが好きだから。それに「これまでだって最終的には君も僕が選んだ映画が気に入ったじゃないか」と言えば絶対大丈夫だと思った。しかし今、自己中心的だったと思っている。彼女の選んだ映画を支持する情報を得ようとは全然しなかったし、それに気づいてもいなかったからだ。

219

4. 次のような結論に至った。「僕達は僕の選んだビデオを借りるべきだ。彼女も多分気に入るだろう」。しかしこの結論は非常に利己的で非理性的だと気づいた。
5. 「操作」という概念を使用した。なぜなら彼女を妥協させることが自分の主目的であり、「代金を払う者に決定権がある」という原則に従った。しかしそれは全く自己中心的であり、非倫理的な行動であり、正しくないと気づいた。
6. 使われた想定は「もし彼女を操作できれば自分の思いどおりになる。彼女が自分の選んだビデオが気に入ったように振る舞ったら、彼女は本当にそれが好きということなんだ。お金を払う人に決定権がある」であった。このような想定は健全な論法に基づいていないし、自分の非倫理性を正当化することになる。
7. 自分の論法は、彼女を簡単に操れる人と見なしていたし、自分が代金を払うのだから選択権があると自分を正当化する見地に立っていた。しかし愛する人を傷つけておいて、それが正当化されることなど決してないし、自己中心的であることに気づいた。
8. 自分の思考が「僕は彼女を操作できたが、彼女は妥協しなければならないことに、おそらく立腹しただろう。彼女は自分の見たかったビデオを見ることができなかった」という波及をもたらした。もし自分がもっと理性的に行動していればそんなことにならなかったのに、と今気づいている。もっと彼女の意見を尊重すべきだった。これからは彼女が自分の犠牲になることを常に期待するのではなく、心から彼女のことを考えたいと思っている。

KEY IDEA #5：自己中心性に敏感になれ

　人間は生まれつき自己中心的であり、ほとんどの人がその克服法に気づいていないので、まずは自己中心的考えに気づく力をつけることが大切です。非常に自己中心的な人でも時に理性的に行動する場合もあるので固定観念を

CHAPTER 7
方略的思考

持ってはいけません。しかし、非理性的に振る舞うことは、誰にでもあるので、偏見を持たず、かつ現実的に、行動を評価しなければなりません。自己中心性のロジックを理解し見つけ出すには訓練が必要です。

　自分の自己中心性と他者の自己中心性を克服する違いを見てみましょう。他者のそれに関しては、その人から遠ざかろうとするか、少なくとも間接的に処理する方法を学ばねばなりません。自己中心性を指摘されて感謝する人はほとんど皆無です。自己中心性の強い人ほど認めたがりません。その人が権力者であればあるほど危険性が増します。理性ある人はその際、支配されたり操作されたりするのではなく、相手の非理性さに上手に対処することを学びます。

　私達は非理性的な思考に陥ると他者の視点に立つことがなかなかできません。無意識に自分中心の考え方に反する情報を排除したり、正しくない目標を追求し、偏見やバイアスに基づいた想定を使ったりします。自分の自己中心性を認めることを避けるために、自己欺瞞に陥ってしまいます。

　他者の自己中心性に対処する際の問題として、自分自身の自己中心的傾向があります。自己中心的な人に接すると自分自身の非理性が刺激され、自分がすげなく行動してしまうのです。すなわち自分の権利が侵されたり、要求が無視されたりすると、本来私達が持つ自己中心性が頭をもたげてきます。エゴとエゴのぶつかり合いです。そうなると両者とも負けです。だからこそ、私達は自分の自己中心的な反応を見越して、理性的思考へたどりつかなければならないのです。

方略

　人間は生まれつき自己中心的ですが、ほとんどの人がそれに気づいていません。どんな状況下でも私達は理性的というより、むしろ、自己中心的精神状態の人達と接していると思って間違いないようです。それゆえ相手が理性的な考えを表明しているのか、理性的な目的を追い求めているのか、あるいは自分でも気づかない非理性的な動機に操られているのかを問う必要があります。

さらに私達の非理性さは、他者のそれに簡単に影響を受けるので、自己中心的な人と接する時、こちらまで非理性的にならないよう、自分の思考に注意しなければなりません。自分の自己中心的な思考を監視し、もし認められれば克服し、非理性的なゲームから下りなければなりません。それが自分あるいは他者のどちらから始めたものでも、です。相手が非理性的であると気づいたらそれに支配されないよう拒絶します。

　方略的に一番よい方法は、可能な限り自己中心的な人とは付き合わないか、関係から抜け出せる道を探すことです。もし抜け出すことが不可能なら、相手のエゴを刺激しないよう接触を最小限にすることです。

　たとえば威嚇や侮辱、恥辱を感じる時、相手が自分の利益を強く主張してくる時など、状況をよく見極めて相手のエゴを極力刺激しないようにします。相手の考え方を知る習慣をつけることで相手の立場に立つことができ、日常起こる自己中心的な反応を予期することができます。そうすれば自分がとるべき行動を選択することができます。

自分で考えてみよう　　　　　　　　　　　　　　　　　　7.5

他者の自己中心性に対処する

　最近接触した人の中であなたに対して非理性的な反応をした人はいませんか？　次の文を完成させてください。

1. その状況は……

2. 私がしたこと、言ったことは……

3. 相手の反応は……

4. 相手が考えていることは……

5. 相手の考えや反応は自己中心的だと思う。その理由は……

CHAPTER 7
方略的思考

6. 次のように返答すればよかったと思う。

7. 相手の自己中心性を刺激しないよう次のようにすることができたかもしれません。

回答例
1. インターネットで花を注文した。その花は水バケツ（25センチ四方）に入れられていた。配送業者が配達する途中、バケツの水がこぼれてしまい、箱が水浸しになった。以前、送られてきた本が割れた酒ビンで汚れていた経験があるので、すぐその花屋へ連絡した。
2. 配送業者に迷惑をかけてしまったので、次回からは発送の方法を考えてほしい、と花屋へ伝えた。
3. 迷惑をかけたのは配送業者である。運び方が悪い。
4. 水バケツは花を新鮮なまま届けられるのでよい方法である。
5. 花屋は自己中心的である。なぜなら自分の商売のことしか眼中になく、配送業者では数々の荷物が取り扱われていることを考慮していない。
6. もし水バケツ以外の方法、たとえば少し手間はかかるが、ほかの花屋のように、水揚げしてから発送してほしいと言えばよかったと思う。それができないようなら今後は注文しない、と言えばよかったのかもしれない。
7. 以前の苦い体験を話せば、その花屋も少しは考えを広げてくれたかもしれない。

7.6　自分で考えてみよう
相手の自己中心性が自分の自己中心性を招く

最近、相手が非理性的になったことで自分までそうなったという体験を思い出して、次の文を完成させてください。

1. その状況は……

2. 私の反応は……

3. その状況をよく考えてみるともっと理性的な返答の仕方は……

回答例
1. 愛読書を2冊友人に貸した。返却予定の日にメール連絡があり、もう少しで読み終わるので、もう1週間貸して欲しいと頼まれ、承諾した。1週間後またメールが入り、返しに行く時間がとれないので、ほかの人に頼んでみようと思う、1カ月先の休暇明けになるがいいだろうか、と言ってきた。
2. すぐ郵送してほしいと返答した。
3. きっと相手はすぐ必要でなければ1カ月先でもいいではないかと考えていたと思う。しかし、延長まで頼んでおきながら、返却の労を惜しむ態度は間違っていると思い、郵送してもらった。しかし自分は少し頑固になっていたと思う。

KEY IDEA #6：私達は体験を過剰に一般化しやすい

有名な児童心理学者であるジャン・ピアジェは「子どもは即時の感情を過剰に一般化する」という重要な真理を発見しました。それは何かよいことが起きたら全世界がバラ色に見えるし、その逆もあるということです。彼はこの現象を「自己中心的即時（egocentric immediacy）」と呼びました。彼は同じことが成人にも見られるとは言っていませんが、日々の浮き沈みを長期的展望に立って考えることは、誰にとっても難しいのではないでしょうか。

私達はいったん何か悪いことが起きたら、生活全般に対しても否定的態度をとりがちです。すなわち悪いことが起きたら悲観的になったり、逆に良いことが起きたら楽観的になったりします。自己中心的な否定的思考は自己否定につながり、肯定的思考は自己満足につながります。

国全体がたった1つの「よい」出来事の報道によって非現実的な自己満足に浸りきることもあり得るのです。1938年ネヴィル・チェンバレン首相がヒトラーとの合意を手にミュンヘンから英国に帰った時、「世紀の平和の訪れ」と宣言しました。イギリス国民の大多数はヒトラーが約束を破り続けていたことなど考えもしないで狂喜に沸きました。国全体が自己中心的即時によってもたらされた幸福感に酔いしれたのです。

それを疑問である、と表明したウィンストン・チャーチルの理性的な意見

CHAPTER 7
方略的思考

は根拠に欠ける横槍だとされました。しかしチャーチルは長期的かつ現実的な展望を持っていたのです。

　日常生活での問題はどうでしょうか。朝から思いがけぬ小さな問題がたくさん起こり、その処理に追われました。そして昼過ぎにはそれが雪だるま式にふくらんだとしましょう。何もかも否定的に見てしまい、夜が来る頃には下記のように考えてしまいます。

　　何もかもうまくいかない。人生って不公平だ。よいことが起こったためしがない。いつも問題ばっかりだ。どうしてこんなに悪いことばかり起きるんだ。

　上のような考え方をしていたら、理性的に問題を処理することなどできないし、人生のよい面もみることができません。物事をもっと現実的に、もっと前向きに見ることができるチャンスがあっても、自己中心さのために、逃してしまうのです。

方略

　自己中心的否定の状態にがんじがらめになる前に、理性的な思考でその鎖を解きましょう。それには2つの段階があります。まず、自己中心的即時の現象についてよく知り、身の回りから具体例を見つけること。もう1つは自分の人生についての事実リストをつくることです。この作業は落ち込んでいる時ではなく、もっと理性的に人生を眺められる時にすることが大切です。

　良いこと、悪いことにかかわらず、個人的な事柄を長期的展望で見ることができる力をつける必要があります。自分の一番大切な価値観を見つけ、さほど大切でない価値観や自己中心的即時にとらわれそうになる前に、それを呼び起こさなければなりません。心に「大きな地図」をしっかり描くことができたら些細なことに翻弄されることもなくなります。

　私達の思考は自己中心的即時に陥りやすいことを知っておくことで、理性

的思考をもってそれを能動的に乗り越えることができます。それには自分で納得したり、思考の乱れに気づいたり、視野に入れていない情報を示したり、自分の想定をチェックしたり、今後に及ぼす影響にも思いをはせることも入ります。すなわち、心に思慮深い「大きな地図」を描き、日常生活での思考の基盤にすることで私達は自己中心的即時への傾向を最小限にすることができ、人生で何が大切で、何がそうでないか知ることができ、苦難を乗り越えて航海ができるのです。

自分で考えてみよう　　　7.7

大きな地図

　最近、非常に強い否定的感情があなたの心を支配し、結果的に落ち込んだ体験はありませんか。そんな時の生活はみじめで、自分でも許し難いものだったのではないでしょうか。自己中心的即時にとらわれたため、描けなかった「大きな地図」について考えてください。
次の文を完成させてください。
1. その客観的状況は……

2. 自分の非理性的な返答は……

3. 否定的感情について自分が感じたことは……

4. 必要だったが描くことができなかった「大きな地図」は……

5. 自分の思考に欠けていた情報は……

6. 今後こんな状況にならないようにするためには……

7. 今、わかることは……

CHAPTER 7
方略的思考

回答例
1. 私は受験生です。あることを決心してもそれを口に出すと必ず逆の方向へ物事が進んでしまいます。このことがすっかり自分の頭の中にしみついてしまい、私は素直な気持ちを口にすることができなくなってしまいました。
2. 「頑張る!」と言いたくてもこわくて言えません。最近ではメールで自分の気持ちを文章にすることすら拒むようになってしまいました。
3. 正直になりたい。これ以上本当の自分を隠したくない。こんな自分が嫌い。
4. 長期的展望に立って自分が今後本当にやりたいこと、学びたいことは何かをよく考えること。
5. 自分に自信がないから、また傷つくのがこわいから消極的になっている、という事実。
6. 自分の進むべき方向が定まったら、夢に向かって毎日しなければならないことに集中して頑張ること。
7. 実際こつこつと勉強することから逃げていて、目標ばかりが高かったと思う。見栄や偏差値で大学を決めるのではなく、大学で何がしたいのかを考えるようになったと思う。

KEY IDEA #7：自己中心性は理性という仮面をかぶっている

　私達が自分の自己中心性に気づけない最大の理由は、それが完璧に理性的に見えるからです。「これから、しばらく非理性的に考えよう」と自分自身に言う人は誰もいません。とても不合理な目に遭った時、私たちは憤慨し、不当に利用されていると感じます。自己中心的な思考は、さまざまな方法で、私達を盲目にします。すなわち自分で自分を欺くのです。

方略

　「自己中心性は理性という仮面をかぶっている」と認識していて、日常生活から的確な例を挙げることができれば、何か方策を施すことができるはずです。自分達の考えに反する人の声を聞こうとしなかったり、ステレオタイプの考えを持ったり、証拠を無視したり、感情的になったり、自分の非理性的な行為を合理化しようとする兆候を探すことです。次の例を見てください。

事例（1）
　僕は自転車で急いで学校へ向かっていた。前から来る自転車に気づかず、僕が急に横切ったので相手に大声でどなられた。帰り道、今度は人の自転車が急に僕の前を横切って、もう少しでぶつかりそうになった。自分も大声でどなっていた。

　このような場合、自分は正しいのだという心の声を感じます。「学校に遅れては大変だったから」「悪気はなかったんだ」「前を急に横切られたらあぶないじゃあないか」。自分を欺くときこのように単純な考え方をよくします。自分のことばかり考え、他者の立場に立つことを忘れています。

事例（2）
　会社で仕事がうまくいかず、しょんぼりして帰宅した。弟が大きな音で音楽をかけて鼻歌を歌っていた。「静かにしろ！」とどなりつけて自分の部屋に入った。弟はきょとんとしていた。それから自分の部屋で小1時間ほど落ち込んでいた。腹も立っていた。居間に行くと、弟は母とテレビを見ていて、こちらを無視した。また腹が立って自分の部屋に戻り、ドアをバン！　と閉めた。

　このような場合、後で冷静になってみると、自分の自己中心的即時に気づきます。しかし渦中では自分の怒りや落胆を正当化しています。自分は正しいんだと確信し、怒りをつのらせます。過去の不平不満を掘り起こし、心の中で反芻し、増大させるのです。自己欺瞞であることには気づいていません。
　原則的にはこの欺瞞に途中で気づき、次のような習慣を身につけることができます。
1. 自分と意見が違う人の立場から事態を眺めること。会話であれば相手が言っていること、また、その理由も聞きただすこと。
2. 相手が完全に間違っていて、自分が絶対正しいと思う時はいつも自分の考えを疑ってみること。

CHAPTER 7
方略的思考

3. 感情的になっている時は判断を保留し、自省し、客観的に事実をとらえなおすこと。

7.8　　　　　　　　　　　　　　　　　　　　　　　　　　　*自分で考えてみよう*

非理性的な考えに気づき、改める

　その時は自分が完全に正しかったと思ったが、今では自分を欺いていたと思う状況を思い出してください。次の文を完成させてください。

1. その状況は……

2. その時自分の行為は……

3. その時、自分は理性的だと思っていた。なぜなら……

4. 今、自分はもしかしたら非理性的だったかもしれないと思う。なぜなら……

5. 自分の行為に関して自分に……と言い聞かせて合理化していた。

6. そのように振る舞った本当の理由は……

回答例
例1
1. 道路に穴があいていて、自分の自転車がそこを通ってパンクした。
2. その道路の前にあったコンビニの店主に自転車を弁償するように怒って言った。
3. 道路に穴があいているのに店主がそのままにしていたからだ。
4. 穴に気づいていたのに自分が避けようとしなかったからだ。
5. 私は悪くない。
6. 本当は自分のせいだとわかっていたけれど、少し前にパンクさせたところだったので誰かのせいにして修理してほしかったから。

例2

1. 高校生の時ポケベルが流行っていて、夜中になっても家の電話を使って友達にメッセージを入れていた。すると母が怒った。
2. 私も怒った。
3. 友達と連絡を取り合うのはあたりまえだと思っていた。
4. 頭では夜中に電話なんて非常識で迷惑だとわかっていたのに、自分で無理やり頭から消していた。
5. 3.と同じ。
6. 母にただ反抗していただけ。

KEY IDEA #8：自己中心性にはパターンがある

　自己中心的な思考は、非常に自動的、無意識的、衝動的になされます。状況に対し、子どもじみた思考パターンで、機械的に組み込まれています。だからそうなる前に気づき、避けなければなりません。自己中心性は挑戦的、逃避的、否定的、抑圧的でゆがみがあり、思考を合理化し、スケープゴートをつくります。その手口にあっという間に引っかかってしまいます。

方略

　非理性的な考えはその兆候から予測でき、機械的に組み込まれることを理解していれば、自分自身の心が非理性的になるメカニズムを監視することができます。無意識に任せるのではなく、ピアジェが言うように意識化できるのです。自分のエゴにどのようにして落ち込むか、に気づけたら、理性的な思考によって自己中心的な反応を一掃出来ます。
　KEY IDEA #7で見たように、その兆候に気づき、陥りやすい合理化を知ることができます。たとえば、「しようにも時間がない！」はよく使う合理化ですが「人には大切なことをする時間はいつもある」とそのたびに思い出せたら「優先順位内に入れたくない」とか「いつも大切だとは思っているんだ

CHAPTER 7
方略的思考

が、時間がないと言って逃げているんだ」という真実に向き合わざるを得ません。

訓練することによって自分が重要な事実から逃げていて、それを解決しようとしていないことに気づくことができます。

原則的には私たちの心が陥るパターンと方略は学ぶことができます。さらに重要なことは、非理性的な思考プロセスを断ち切ることです。つまり本能的な要求や思考に支配されることを拒否できるのです。自己中心的な思考を積極的に思慮深い理性的な思考に変えることができます。

7.9　自分で考えてみよう

非理性のメカニズムから抜け出す

自己中心性はそれを保とうと、さまざまな自衛手段を講じてきますが、唯一「拒否」することで抜け出すことができます。自分の意に反して、自己中心的な利益を優先して保たれているような人間関係はありませんか。たとえば、恋人との関係で相手が自分を利用するような行為をしているにもかかわらず、自分を心から愛していると信じたいような場合です。別の例として、実際は大切にしてもいないのに、あなたは相手を大切に思っていると信じたいような場合です。事実を認めることは苦しいと思います。次の文を完成させてください。

1. その状況は……

2. 受け入れなかったことは……

3. 自分に向かって言い続けてきたうその事実は……

4. 状況を直視しなかった理由は……

5. 結果は……

> **回答例**
>
> 私の周りにDV（ドメスティック・バイオレンス）被害者がいます。私の友人です。彼女は身体的な暴力を受けています。私達が見てもわかるくらいの傷をつけています。彼女に「そんなことをする人なら別れたほうがいい」と言うと彼女は「私が悪いからなぐられる。自分が悪い」と言い張ります。それ以上のことを言っても自分が悪いからとしか言いません。彼女は幼い頃、父が母に暴力をふるう光景を見てきたと言っています。私はなんて言ってあげればいいのかいまだにわかりません。

KEY IDEA #9：支配的な態度、時に服従的な態度で、力を得ようとする

　私たちは非理性的な思考や自己中心的思考に陥った時、相手に対して支配的になったり、あるいは服従的になって相手の支持を得ようとします。そうすることで、目的を達成しようとします。別の言い方をすれば、自己中心的になると、ほかの人を支配して自分の思い通りにするか、あるいは服従することで相手の支持を得て、自分の思いどおりにするかのどちらかです。いじめ（支配的）と平伏（服従的）は紙一重で、日常の生活によく見られます。

　力はそれ自体、悪ではありません。自分の要求を理性的に達成するために誰にも力が必要です。しかし権力を得ること自体が目標になったり、非倫理的に行使されたりする場合があります。よくある例は、自己中心的な人々が弱者を支配することで力を得ます。別の例は、強者に対して服従的な態度をとることで、自分の要求を満たそうとする場合です。人間の歴史の大半は個人やグループのこのような自己中心性で説明がつきます。個人の行為の大半も、また、この２つのパターンで理解できます。

　誰でもどちらか１つのパターンをより多く使う傾向にありますが、ある程度、両方を使います。たとえば子ども達はほかの子どもをいじめる一方で、両親から受ける虐待に対しては服従的です。もちろん、強いいじめっ子に対して、弱いいじめっ子は服従します。

　私たちは気づかずに自己中心的支配あるいは服従をしています。たとえば、

CHAPTER 7
方略的思考

　多くの人は音楽を楽しみにロックコンサートに行きますが、たまにアーチストを崇拝したり、偶像化したりして、非常に服従的になる人がいます。文字どおり有名人に平伏したり、有名人を知っている（たとえ想像上でも）とかで、自分をえらく見せたりします。スポーツファンも同じように、よくヒーローを理想化したり偶像化したりします。優勝でもしようものなら、「打ち負かしたぞ！」とまるで自分がその選手になったかのように自慢します。

　理性的な人は他人を尊敬することはあっても理想化、偶像化はしません。同盟を組むことはあってもほかから支配される関係での同盟ではありません。誰に対しても盲目的に服従されたくないし、したくもありません。完璧は誰にも期待できないかもしれませんが、クリティカル・シンキングができる人は、人間関係において、常に努力を惜しみません。

　ところで、伝統的な男女の性役割は男性が女性を支配し、女性が服従することです。女性は男性の所有物になることで力を得なければならなかったし、男性は女性より優位に立つために力を誇示しました。現在の男女関係にもそれが言えます。たとえばメディアは依然として伝統的な性役割を描き続けています。それによる社会的影響の結果、男性は支配的になる傾向が強く、女性は特に恋人や夫婦関係においては服従的になる傾向が強いのです。

方略

　日常生活の中で自己中心的な支配と服従が果たす役割を認識していれば、他人を非理性的に支配したり、あるいは服従したりする自分の行為を観察することができます。精神はあらゆる手段を使って自己中心性を隠そうとするので、私たちは注意深く支配と服従のパターンを見据えなければなりません。訓練することによってそのパターンを見つけることができるようになり、同時に他者の行為の中にもそれを見つけ出せるようになります。上司や友人、大切な人、両親等が他者の意思に支配的になったり、服従的になったりする行為を注意して見ることができます。

　まとめていうと、支配と服従のパターンについて知れば知るほど、その行

為を突き止めることができ、変えていくステップになるのです。

自分で考えてみよう 7.10
支配的、あるいは服従的行為に気づく

　これから1週間自分の行動パターンを注意深く観察し、自分が自己中心的に要求を通そうとする時、支配的になるかあるいは服従的になるか見てください。メモをとって、1週間後に次の文を完成させてください。

1. 次のような状況の時、支配的に振る舞っていました。

2. 1.の行為がもたらした影響は……

3. 今後同じような状況になった時、次のように振る舞おうと思います。

4. 次のような状況の時、服従的に振る舞っていました。

5. 4.の行為がもたらした影響は……

6. 今後同じような状況になった時、次のように変えたいと思います。

回答例
1. *親と留学について話をしていた時、支配的に振る舞っていました。*
2. *自分の意見を押し通してしまった。結果的に親に迷惑をかけた。*
3. *自分の意見ばかり言うのではなく、話し合いをすること。*
4. *友達と映画を見に行った時に自分と友達の見たい映画が違っていた。友達の見たい映画に対し「あ、それもいいよね」と言ってしまい、それを見た。*
5. *結局、私は違う日に自分の見たかった映画を1人で見にいった。出費がかさんでしまった。*
6. *無理して人に合わせないで、今後は1人で行こうかな。*

CHAPTER 7
方略的思考

KEY IDEA #10：
人間はもともと自文化中心的な動物である

　私達は生まれつき自己中心的であるだけでなく、自分の持つ文化中心的（sociocentric）な思考や振舞いに陥ります。グループ内の規則や命令、タブー等を無自覚に取り入れ、内面化することで、その集団に属しているという安心感を得ます。成長する過程でさまざまな集団に入り、中でも仲間集団は日常生活で大きな位置を占めます。無意識に価値観や「私達皆が信じていることだから正しい」という基準を受け入れているのです。人間が非理性的に正しいと信じていることほど不合理なことはありません。

　自分が所属する集団の信念を私達は受け入れるだけでなくそれに沿って行動もします。たとえば、若者の集団が異集団に暴行を加え、力を誇示したりする場合です。

　影響を受けるのは日常、顔を付き合わせる集団だけではありません。より大きな社会のメンバーとしても、間接的な影響を受けます。たとえば資本主義社会ではできるだけ多くの富を得る努力をすべきである、という考えが支配的です。異論はあるでしょうが、このような考えは持たざる者と持つ者の間に溝があるのはあたりまえだ、と思わせるのです。

　次の例を考えてください。マス社会では社会問題はテレビやニュースで煽られます。その結果、人々は複雑な問題をメディアが育てた単純な解決方法を通して考えるようになります。「犯罪者には厳しい処置を！」などという表現によって、人々はそれが複雑な社会問題を解決する適切な方法であるように信じ込まされます。

方略

　人間は生まれながらにして自己中心的なのです。私達は皆、社会集団の一員であるので、所属する集団の命令やタブーを反映した振舞いをします。多かれ少なかれ所属集団の期待や規則に無批判に応えようとします。以上のこ

とを認識していれば私達が応じようとするものを分析し、評価し始めることができます。積極的にその集団の規則やタブーを分析し、その集団の期待の程度を理性的な目で観察することができます。

非理性的な期待を見つけることができれば、要求を拒否することができ、グループの改善につなげることもできます。実際のところ、公平さと、まとまりの重要性を強調する新しいグループを積極的に立ち上げることもできます。

あるいは、逃げることができない社会グループは別として、関わりを最小限にすることもできます。マスメディアから受ける大規模な自文化中心的な影響に関して言うと、集団思考の罠に陥らないよう、引き続きクリティカルな感受性を養うことです。まとめていうと、自文化中心的思考と自分との関係を理解することで、そのグループが私達に与える影響を減らすことができるのです。

自分で考えてみよう 7.11

自文化中心的思考の問題点に気づく

自分が所属するグループを見つけてください。友人やクラブ、宗教グループのような小さなものでも、文化グループのような大きなものでもかまいません。次の文を完成させてください。

1. そのグループは……

2. そのグループ内でタブーとされていること、または許されない態度は……

3. そのグループになるのに必要なことは……

4. そのグループ内にいる時の自分の振舞いを分析すると、自分は……

5. このグループのタブーや命令を分析してみて、自分はこのグループに関わりたい（関わりたくない）と考えている。その理由は……

CHAPTER 7
方略的思考

もし上の質問が難しいければ、他人が所属するグループで自分がどうしても受け入れられない場合を考えてください。そのグループの状況と受け入れられない理由を書いてください。

回答例
　私は動物を虐待する人たちがどうしても理解できません。動物虐待グループのホーム・ページがあることを知り、アクセスして実態を調べてみました。そのグループは自分達が動物を虐待する理由を3つ挙げていました。1. 動物が嫌い。体験上、幼い頃噛まれたなど、恨みの感情がある。2. 弱いものをいじめることが楽しい。3. 動物愛護団体に対抗して虐待者も団結する。1. はともかく 2. と 3. を受け入れることは私には絶対できません。2. は学校でのいじめや、おやじ狩り、弱者に対する暴行などと根っこのところで同じだと思います。3. に関してはすごく驚きました。ホーム・ページを見て感じたのですが、みんなで気持ちを煽り合って、自分達がする動物虐待を自慢しているような病的な異常さを感じました。

KEY IDEA #11：理性の訓練には忍耐が要る

　私達が本当に理性的になるには年月がかかります。今すぐ、といった態度はより高い人間の能力を身につけるためには障害となります。近道はありません。避けて通れない複雑な問題を理性的に解決したいと思えば、一生懸命努力しなければなりません。野球選手が何度も何度も練習を繰り返すのと同じように、理性的な思考ができるようになるための訓練が必要です。

方略

　理性的思考能力を身につけるには毎日の訓練が欠かせないと理解していれば、知的成長のために「今」私達がしていることを省みる習慣がつきます。

自分達が持つ利己的な利益をつきとめ、それが思考に悪影響を及ぼさないよう、修正していくのです。決断する時にも、生まれながらに持っている利己性が働く事を心にとめ、ほかの人の身になって考えることを忘れずにいてください。下記の知的基準に照らし合わせて、自分や他者に常に疑問を投げかける「内なる声」を育ててください。

―思考は明白か？
―思考は詳しく説明されているか？
―思考は正確か？
―思考は適切か？
―思考はロジカルか？
―思考は広いか？
―思考は深いか？
―思考は正しいか？

自分で考えてみよう　　　　　　　　　　　　　7.12

日常的にクリティカル・シンキングの習慣をつける

次の1週間、自分の思考能力を深めるために努力した事柄を観察してください。毎日次の文を完成させてください。

1. 今日の思考や行為の中で、クリティカル・シンキングができるようにがんばったことを示すものは……

2. クリティカル・シンキングについて学ぶ前の自分だったら、1.と同じの状況では次のように行動しただろう。

3. 以前より、今の考え方や行為の方がよい。なぜなら……

CHAPTER 7
方略的思考

まとめ

　質の高い思考ができるよう、自らが責任を持ち、たえず高めていこうとすれば2つの原則が大前提となります。1つは私達は知性がどのように働くかをよく理解しなければなりません。概念、原則、理論を学ぶために本を読むだけでは十分でありません。それらを使って、方略を身につけ、思考を改善できるほどに内面化しなければならないのです。そうでなければ無意味と言えます。

　真の方略的思考は原則を理論から導き、実用化し、私達の考え方、感じ方、行動の仕方を改善できるようなものでなければなりません。日常の生活の中での振舞いや思考パターンを省みる時、次の問いに着目してください。自分の行為を改善するためにどのように重要な概念を取り込み、使っていくのか。自分の人生をより豊かなものにするために、抽象的な理解から具体的な理解へどのように移行していくのか。この章で述べた方略的思考を常に心がけていれば必ずあなたの思考力は必ず伸びていきます。

訳者紹介

村田美子（むらた　よしこ）
神戸市外国語大学英米学部卒業後，高校での英語教師を経て1991～93年アメリカのジュニアタ大学で平和学を専攻，1997年オハイオ州立大学教育学部で修士号を取得．同大学博士課程単位取得退学．アメリカ在住中，黒人の学生のアカデミック・カウンセラーとしてオハイオ州立大学に勤務，帰国後は大阪外国語大学非常勤講師を経て2001年4月からは関西外国語大学助教授としてクリティカル・シンキングや，異文化間コミュニケーション論を担当している．

巽　由佳子（たつみ　ゆかこ）
神戸市外国語大学ロシア学科卒業後，日本語教師，英語教師を経て，2003年よりアメリカのメリーランド大学教育学部博士課程に在学中．開発教育政策専攻．学部生のプログラム・コーディネーターとして同大学アドミニストレーション・オフィスに勤務．

クリティカル・シンキング

2003年2月6日　第1刷発行
2004年2月24日　第3刷発行

訳者　村田美子／巽　由佳子
発行者　高橋　宏

〒103-8345
発行所　東京都中央区日本橋本石町1-2-1　東洋経済新報社
電話 編集03(3246)5661・販売03(3246)5467　振替00130-5-6518
印刷・製本　東洋経済印刷

本書の全部または一部の複写・複製・転訳載および磁気または光記録媒体への入力等を禁じます．これらの許諾については小社までご照会ください．
〈検印省略〉落丁・乱丁本はお取替えいたします．
Printed in Japan　ISBN 4-492-55469-6　http://www.toyokeizai.co.jp/